Utilize este código QR para se cadastrar de forma mais rápida:

Ou, se preferir, entre em:

www.moderna.com.br/ac/livroportal
e siga as instruções para ter acesso aos conteúdos exclusivos do
Portal e Livro Digital

CÓDIGO DE ACESSO:
A 00446 BUPCIEN1E 3 06451

Faça apenas um cadastro. Ele será válido para:

Organizadora: Editora Moderna

Obra coletiva concebida, desenvolvida e produzida pela Editora Moderna.

Editora Executiva:
Maíra Rosa Carnevalle

NOME: ....

.... TURMA: ....

ESCOLA: ....

....

1ª edição

© Editora Moderna, 2018

Elaboração dos originais

Ana Carolina de Almeida Yamamoto
Bacharel e licenciada em Ciências Biológicas pela Universidade de São Paulo. Bacharel em Comunicação Social pela Universidade Anhembi Morumbi. Editora.

Maiara Oliveira Soares
Licenciada em Ciências da Natureza pela Universidade de São Paulo. Especialista em Tecnologias na Aprendizagem pelo Centro Universitário Senac. Editora.

Natalia Leporo
Licenciada em Ciências da Natureza pela Universidade de São Paulo. Mestra em Ciências, programa: Ensino de Ciências, pela Universidade de São Paulo. Editora.

Camila Rufino
Licenciada em Física pela Universidade de São Paulo. Editora.

Juliana Bardi
Bacharel e licenciada em Ciências Biológicas pela Unesp. Doutora em Ciências pela Universidade de São Paulo. Editora.

Laís Alves Silva
Bacharel em Ciências Biológicas pela Universidade São Judas Tadeu. Licenciada em Ciências Biológicas pela Universidade Católica de Brasília. Editora.

Michelle Beralde
Bacharel em Ciências Biológicas pela Universidade de São Paulo. Editora.

Thiago Macedo de Abreu Hortêncio
Bacharel em Ciências Biológicas pela Universidade de São Paulo. Editor.

Jogo de apresentação das *7 atitudes para a vida*
Gustavo Barreto
Bacharel em Direito pela Pontifícia Universidade Católica (SP). Pós-graduado em Direito Civil pela mesma instituição. Autor dos jogos de tabuleiro (*boardgames*) para o público infantojuvenil: Aero, Tinco, Dark City e Curupaco.

Coordenação editorial: Ana Carolina de Almeida Yamamoto, Marisa Martins Sanchez
Edição de texto: Ana Carolina de Almeida Yamamoto, Maiara Oliveira Soares, Natalia Leporo
Gerência de *design* e produção gráfica: Everson de Paula
Coordenação de produção: Patricia Costa
Suporte administrativo editorial: Maria de Lourdes Rodrigues
Coordenação de *design* e projetos visuais: Marta Cerqueira Leite
Projeto gráfico: Daniel Messias, Daniela Sato, Mariza de Souza Porto
Capa: Daniel Messias, Otávio dos Santos, Mariza de Souza Porto, Cristiane Calegaro
    Ilustração: Raul Aguiar
Coordenação de arte: Wilson Gazzoni Agostinho
Edição de arte: Andréia Crema
Editoração eletrônica: Casa Crema
Ilustrações de vinhetas: Adilson Secco
Coordenação de revisão: Elaine Cristina del Nero
Revisão: Adriana Bairrada, Andrea Vidal, Luísa Munhoz, Nair H. Kayo, Nancy H. Dias, Renata Brabo, Salete Brentan, Tatiana Malheiro
Coordenação de pesquisa iconográfica: Luciano Baneza Gabarron
Pesquisa iconográfica: Márcia Mendonça, Renata Martins
Coordenação de *bureau*: Rubens M. Rodrigues
Tratamento de imagens: Fernando Bertolo, Marina M. Buzzinaro, Luiz Carlos Costa, Joel Aparecido
Pré-impressão: Alexandre Petreca, Everton L. de Oliveira, Marcio H. Kamoto, Vitória Sousa
Coordenação de produção industrial: Wendell Monteiro
Impressão e acabamento: HRosa Gráfica e Editora
Lote: 752859
Cod: 12112899

Dados Internacionais de Catalogação na Publicação (CIP)
(Câmara Brasileira do Livro, SP, Brasil)

Buriti Plus Ciências / organizadora Editora Moderna ; obra coletiva concebida, desenvolvida e produzida pela Editora Moderna. — 1. ed. — São Paulo : Moderna, 2018. (Projeto Buriti)

Obra em 4 v. para alunos do 2º ao 5º ano

1. Ciências (Ensino fundamental)

18-17015 CDD-372.35

Índices para catálogo sistemático:
1. Ciências : Ensino fundamental   372.35

Maria Alice Ferreira - Bibliotecária - CRB-8/7964

ISBN 978-85-16-11289-9 (LA)
ISBN 978-85-16-11290-5 (GR)

Reprodução proibida. Art. 184 do Código Penal e Lei 9.610 de 19 de fevereiro de 1998.
Todos os direitos reservados
EDITORA MODERNA LTDA.
Rua Padre Adelino, 758 – Belenzinho
São Paulo – SP – Brasil – CEP 03303-904
Vendas e Atendimento: Tel. (0_ _11) 2602-5510
Fax (0_ _11) 2790-1501
www.moderna.com.br
2022
Impresso no Brasil

1 3 5 7 9 10 8 6 4 2

Que tal começar o ano conhecendo seu livro?

Veja nas páginas 6 e 7 como ele está organizado.
Nas páginas 8 e 9, você fica sabendo os assuntos que vai estudar.

Neste ano, também vai **conhecer** e colocar em **ação** algumas **atitudes** que ajudarão você a **conviver** melhor com as pessoas e a **solucionar problemas**.

7 atitudes para a vida

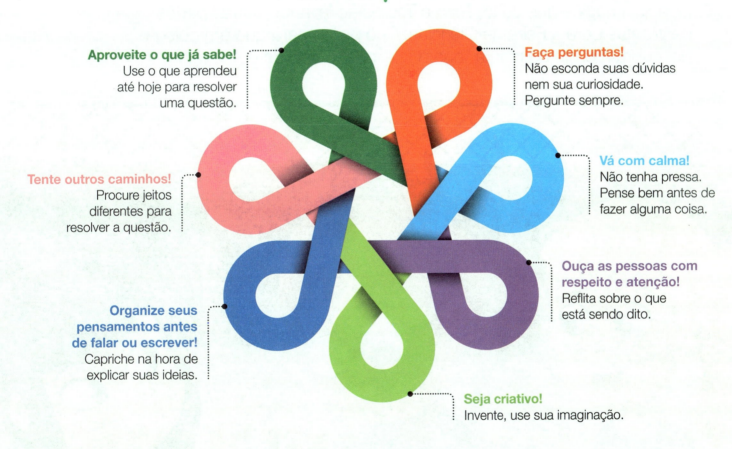

Aproveite o que já sabe!
Use o que aprendeu até hoje para resolver uma questão.

Faça perguntas!
Não esconda suas dúvidas nem sua curiosidade. Pergunte sempre.

Tente outros caminhos!
Procure jeitos diferentes para resolver a questão.

Vá com calma!
Não tenha pressa. Pense bem antes de fazer alguma coisa.

Organize seus pensamentos antes de falar ou escrever!
Capriche na hora de explicar suas ideias.

Ouça as pessoas com respeito e atenção!
Reflita sobre o que está sendo dito.

Seja criativo!
Invente, use sua imaginação.

Nas páginas 4 e 5, há um jogo para você começar a praticar cada uma dessas atitudes. Divirta-se!

3

Desafio na Feira de Ciências

A escola em que Amanda, Pedro e Maria estudam está promovendo uma Feira de Ciências. Eles ficaram encarregados de levar algumas partes de plantas – folha, flor ou semente –, que foram colocadas em embalagens de plástico, vidro ou metal.

Na escola, as plantas precisaram ser transferidas para potes de diferentes cores: amarelo, verde ou azul. Siga as pistas e descubra a parte da planta, quem a levou e o tipo de embalagem.

1. Maria levou a parte da planta mais colorida.
2. A menina que levou a embalagem de plástico vai usar o pote verde.
3. Pedro levou a menor parte da planta, que pode dar origem a outras plantas, e não vai colocá-la no pote azul.
4. A flor foi levada em uma embalagem de metal.
5. Depois, imagine que João, Nina e Téo estão levando outras partes de plantas para a Feira de Ciências. Crie pistas para que um colega descubra a parte da planta, quem a levou e o tipo de embalagem.

Ouça as pessoas com respeito e atenção!
Preste atenção nas instruções do professor e nas dúvidas dos colegas.

Vá com calma!
Comece escrevendo a resposta de que você tem certeza. Depois, leia novamente as pistas para escrever as próximas.

Aproveite o que já sabe!
Depois de descobrir a primeira pista, a próxima será mais fácil.

Faça perguntas!
Se tiver dúvida sobre as pistas, pergunte ao professor.

Organize seus pensamentos antes de falar ou escrever!
Examine bem qual pista pode ser o ponto de partida. Ao final, leia todas as pistas novamente para ver se as respostas estão certas.

Tente outros caminhos!
Procure jeitos diferentes de raciocinar para resolver a questão e esteja preparado para mudar alguma conclusão.

Seja criativo!
Que pistas você pode dar aos colegas para que resolvam o novo desafio?

DENIS ALONSO

	Pote amarelo	Pote verde	Pote azul
Nome			
Parte da planta		Folha	
Embalagem	Vidro		

5

Seu livro está dividido em 4 unidades.
Veja o que você vai encontrar nele.

Abertura da unidade

Nas páginas de abertura, você vai explorar imagens e perceber que já sabe muitas coisas.

Investigar o assunto

Nas páginas dessa seção, você vai usar diferentes estratégias para investigar o assunto da unidade. Também vai dizer o que pensa e fazer novas descobertas.

Capítulo

Você aprenderá muitas coisas novas estudando os capítulos e resolvendo as atividades!

As palavras que talvez você não conheça são explicadas neste boxe verde.

Álbum de Ciências

No *Álbum de Ciências*, você vai conhecer imagens e curiosidades relacionadas ao capítulo.

O mundo que queremos

Nessas páginas, você vai ler, refletir e realizar atividades com foco na preservação do meio ambiente, no respeito às pessoas e às diferentes culturas e no cuidado com a saúde.

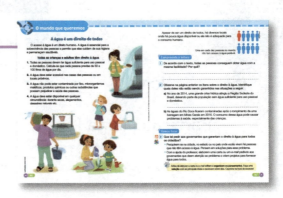

6

Para ler e escrever melhor

Nessas páginas, você vai ler um texto e perceber como ele está organizado. Depois, vai escrever um texto com a mesma organização.

O que você aprendeu

Mais atividades para você rever o que estudou, utilizar as palavras que acabou de conhecer e aplicar o que aprendeu em outras situações.

Suplemento de atividades práticas

No final do livro, você vai encontrar um suplemento com atividades práticas. São propostas de experimentos, pesquisas, construção de modelos, uso e construção de diferentes instrumentos.

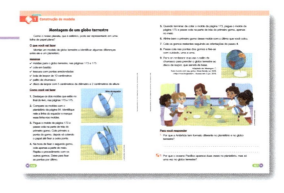

Ícones utilizados

Indicam como realizar algumas atividades:

Atividade oral	Atividade em dupla	Atividade em grupo	Atividade no caderno	Desenho ou pintura

Indica as 7 atitudes para a vida:	Indica os objetos digitais:

7

Sumário

UNIDADE 1 — Os animais — 10

Investigar o assunto: *Organização e classificação* — 12

Capítulo 1. Características dos animais — 14
- Álbum de Ciências: *Cuidados com os filhotes* — 23

Capítulo 2. A classificação dos animais — 26
- Para ler e escrever melhor: *O polvo* — 34

Capítulo 3. Os seres humanos são animais — 36
- O mundo que queremos: *Brincadeira é coisa séria!* — 40
- O que você aprendeu — 42

UNIDADE 2 — Luz e som — 46

Investigar o assunto: *A luz e a visão* — 48

Capítulo 1. Os sentidos — 50
- Álbum de Ciências: *Deficiências sensoriais* — 55
- Para ler e escrever melhor: *Cuidados ao usar os dispositivos móveis* — 56

Capítulo 2. A luz — 58

Capítulo 3. O som — 64
- O mundo que queremos: *Poluição sonora* — 72
- O que você aprendeu — 74

UNIDADE 3 — Planeta Terra 78

Investigar o assunto: *Observação do solo* 80

Capítulo 1. A Terra 82
- Álbum de Ciências: *A Terra à noite* 89

Capítulo 2. A água no planeta 90
- Álbum de Ciências: *Rios brasileiros* 95
- O mundo que queremos: *A água é um direito de todos* 96

Capítulo 3. As rochas e o solo 98
- Álbum de Ciências: *Conservação do solo* 107
- Para ler e escrever melhor: *Medidas que ajudam a evitar deslizamentos de terra* 108
- O que você aprendeu 110

UNIDADE 4 — O que vemos no céu? 114

Investigar o assunto: *Hábito de observar o céu* 116

Capítulo 1. Observando o céu de dia 118
- Álbum de Ciências: *Arco-íris* 123

Capítulo 2. Observando o céu à noite 124
- Para ler e escrever melhor: *O que é isso no céu?* 130

Capítulo 3. Os dias e as noites 132
- Álbum de Ciências: *O dia e a noite nas obras de arte* 135
- O mundo que queremos: *O olhar do indígena sob o céu brasileiro* 136
- O que você aprendeu 138

Suplemento de atividades práticas 142

Encartes 169

UNIDADE 1 — Os animais

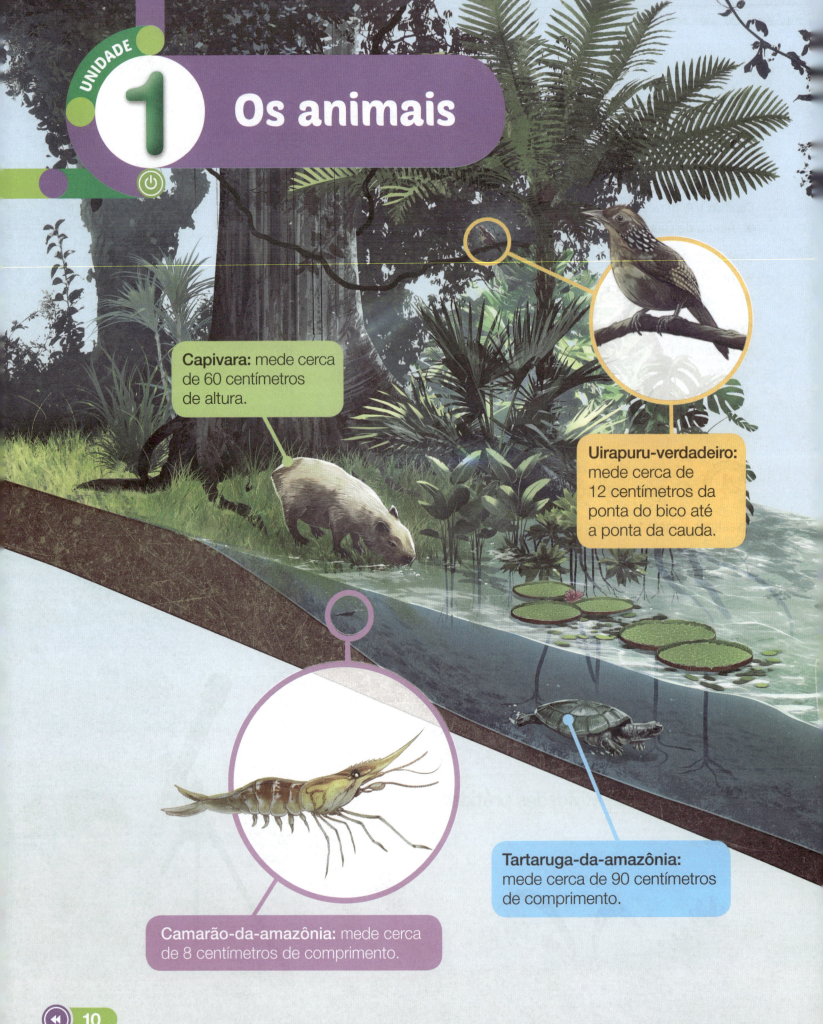

Capivara: mede cerca de 60 centímetros de altura.

Uirapuru-verdadeiro: mede cerca de 12 centímetros da ponta do bico até a ponta da cauda.

Camarão-da-amazônia: mede cerca de 8 centímetros de comprimento.

Tartaruga-da-amazônia: mede cerca de 90 centímetros de comprimento.

Vamos conversar

1. Os animais da imagem vivem no mesmo ambiente?
2. Quais desses animais você acha que têm esqueleto?
3. Quais animais você conhece que não têm esqueleto?

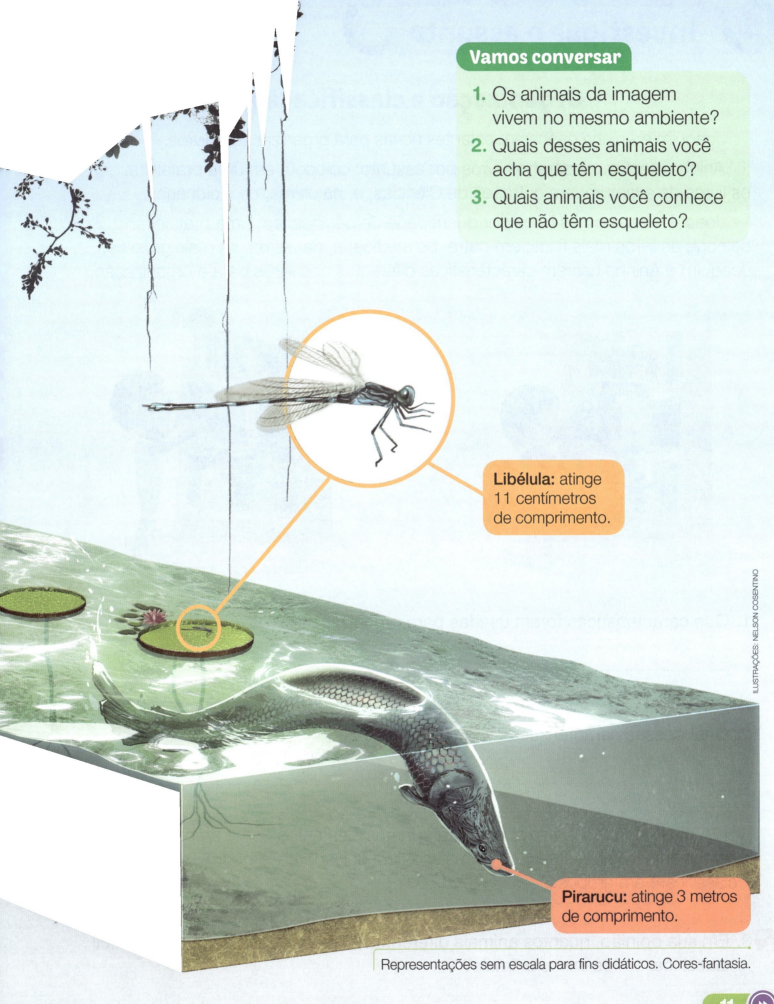

Libélula: atinge 11 centímetros de comprimento.

Pirarucu: atinge 3 metros de comprimento.

Representações sem escala para fins didáticos. Cores-fantasia.

ILUSTRAÇÕES: NELSON COSENTINO

Investigar o assunto

Organização e classificação

Joaquim e Aninha ganharam estantes novas para organizar seus livros.

Aninha resolveu separar os livros por assunto: colocou, em uma prateleira, os livros de aventura; em outra, os de Ciências; e, na última, os dicionários.

Joaquim separou os livros por quantidade de páginas: em uma prateleira, colocou os livros mais finos; em outra, os médios; e, na última, os mais grossos. Joaquim e Aninha usaram características diferentes dos livros para a organização.

1. Que características foram usadas para organizar os livros?

___

2. Qual dessas características você escolheria?

___

A **classificação** é feita quando agrupamos elementos com características semelhantes. Para estudar os animais, os pesquisadores também os classificam em grupos.

3. Em sua opinião, quantos animais diferentes existem? Você acha que é difícil classificar todos esses animais?

O que você vai fazer

Desenvolver sua própria classificação de animais e tentar descobrir como seus colegas fizeram as deles.

Material

✔ recortes de imagens variadas de animais, retiradas de jornais, revistas ou da internet

Como você vai fazer

1. Forme um grupo com três colegas e observe com atenção as imagens que cada um trouxe.

2. Um integrante do grupo vai classificar os animais de acordo com uma característica, sem revelar qual é. Podem ser usadas características como a cor, a forma, o ambiente em que vivem os animais, a cobertura do corpo, o tamanho etc.

3. Com base na observação dos grupos de animais formados, os colegas devem descobrir qual foi a característica usada na classificação. Eles podem fazer perguntas que devem ser respondidas apenas com "sim" ou "não".

4. Depois que a característica escolhida for descoberta, é a vez de outro integrante do grupo fazer sua classificação.

Para você responder

1 Qual característica cada integrante do grupo utilizou na classificação?

_____

_____

 2 Em sua opinião, a maneira como você classificou os animais contribui para que possamos estudá-los melhor? Explique sua resposta.

 Ao pensar sobre a classificação dos animais, **aplique o que você já sabe** sobre eles.

CAPÍTULO 1. Características dos animais

 Multimídia
Visita ao jardim

Os animais nascem, crescem, podem se reproduzir e morrem. Por isso, dizemos que eles são **seres vivos**.

Existe uma variedade muito grande de animais. Eles possuem diferentes tamanhos, coberturas do corpo, tipos de locomoção e tantas outras variações, que possibilitam que sejam agrupados de acordo com essas características.

 1. Você já pensou em como as características dos animais interferem na relação com o ambiente em que eles vivem? Dê um exemplo.

Cobertura do corpo

Há animais com pelos, com penas, com escamas ou com carapaça. A cobertura do corpo dos animais pode proteger contra o frio ou o calor, evitar a perda de água, facilitar a locomoção, entre outras funções.

Comprimento: 50 centímetros.

Os cães são exemplos de animais com o corpo coberto de pelos.

Comprimento: 2 metros.

As tartarugas marinhas são exemplos de animais com carapaça.

Comprimento: 30 centímetros.

As serpentes são exemplos de animais com o corpo coberto de escamas.

Comprimento: 13 centímetros.

Os pássaros são exemplos de animais com o corpo coberto de penas.

Ambiente e locomoção

Outra classificação possível dos animais é de acordo com o ambiente em que vivem e a forma como se deslocam.

Os animais que vivem em terra firme são chamados **terrestres**. Eles podem se locomover andando, correndo, saltando, rastejando ou voando.

Os animais que vivem na água de mares, rios e lagos são chamados **aquáticos**. Eles podem se locomover principalmente nadando.

Alguns animais vivem parte de sua vida em ambiente aquático e parte em ambiente terrestre. Eles conseguem se locomover nos dois ambientes.

Comprimento: 2 metros.

Golfinho
Animal aquático que usa as nadadeiras para se locomover na água.

Comprimento: 25 centímetros.

Sabiá-laranjeira
As aves, como o sabiá, são animais terrestres. Ele tem pernas e asas e consegue andar e voar.

Comprimento: 1 centímetro.

Formiga
Animal terrestre que usa as pernas para se locomover.

Comprimento: 2 metros.

Jacaré-de-papo-amarelo
Tem vida aquática, mas também depende do ambiente terrestre. Ele é capaz de nadar e de rastejar.

2 Você conhece algum animal que se locomove de outra forma? Qual?

- Demonstre para seus colegas a forma de locomoção.

3 Encontre os animais citados abaixo na página 178 e complete as fichas com sua imagem e informações sobre as suas características.

Onça-pintada

Em que ambiente vive?

_____

Como se locomove?

_____

Que estruturas ajudam esse animal a se locomover?

_____

Sapo-cururu

Em que ambiente vive?

_____

Como se locomove?

_____

Que estruturas ajudam esse animal a se locomover?

_____

Raia

Em que ambiente vive?

_____

Como se locomove?

_____

Que estruturas ajudam esse animal a se locomover?

_____

4 Observe os animais representados e circule-os conforme os tipos de cobertura do corpo de acordo com a legenda.

🟩 Penas   🟦 Pelos   🟥 Escamas

Representações fora de proporção. Cores-fantasia.

a) Agora, organize os animais em três grupos.

Animais com penas	Animais com pelos	Animais com escamas

b) Que característica dos animais foi usada para essa classificação?

_____

5 Leia o texto a seguir e responda.

As tartarugas marinhas vivem em ambiente aquático, mas precisam ir à superfície para respirar. As fêmeas saem do mar para depositar os ovos na areia. Esses animais podem viver mais de 100 anos.

a) Cobertura do corpo: _____

b) Número de pernas: _____

c) Ambiente em que vive: _____

Respiração

Por meio da respiração, o organismo capta **gás oxigênio** e elimina **gás carbônico**. Os animais podem respirar o gás oxigênio presente no ar, no solo ou misturado na água. Sem esse gás, eles morrem.

Animais como gatos, golfinhos e aves respiram por meio de pulmões. Os pulmões são órgãos internos nos quais ocorrem a absorção de gás oxigênio e a eliminação de gás carbônico, chamada de **trocas gasosas**.

Na maioria dos peixes, a água entra pela boca e passa por brânquias, estruturas que captam o gás oxigênio misturado na água e liberam o gás carbônico produzido pelo organismo.

Animais como a minhoca respiram por meio da pele. As trocas gasosas ocorrem pela superfície do corpo desses animais.

Comprimento: 3 metros.

Os peixes-boi vão até a superfície da água e captam o gás oxigênio do ar.

Comprimento: 14 centímetros.

As sardinhas respiram o gás oxigênio presente na água.

Comprimento: 7 centímetros.

O corpo úmido das minhocas possibilita as trocas gasosas.

6 Leia o texto abaixo e responda às questões.

Peixe vivo

Como pode um peixe vivo
viver fora da água fria?
Como pode um peixe vivo
viver fora da água fria?

Como poderei viver,
Como poderei viver
Sem a tua, sem a tua,
sem a tua companhia?

Domínio público.

a) Em que ambiente o peixe vive? _____

b) Por que o peixe não consegue viver fora da água? _____

Alimentação

Todos os animais se alimentam de outros seres vivos. De acordo com seus hábitos alimentares, eles podem ser classificados em:

- **Onívoros:** comem plantas e outros animais. É o caso dos cachorros, dos gambás, das galinhas e dos seres humanos.
- **Carnívoros:** comem apenas outros animais, como o louva-a-deus, a piranha, o leão, a joaninha e a lagartixa.
- **Herbívoros:** comem apenas plantas. É o caso das abelhas, das borboletas, dos cavalos, dos coelhos e dos peixes-boi.

Comprimento: 2 metros.

A anta se alimenta apenas de plantas.

Comprimento: 50 centímetros, fora a cauda.

O gambá se alimenta de frutos, folhas, insetos e sapos.

Comprimento: 0,5 centímetro.

A joaninha se alimenta de outros insetos, como os pulgões.

7. Observe, nos círculos, os alimentos de cada animal. Depois, escreva se o animal é herbívoro, carnívoro ou onívoro.

Aranha.

Lobo-guará.

Beija-flor.

_____   _____   _____

8. Você acha que o ser humano é carnívoro, herbívoro ou onívoro?

_____

_____

Os animais crescem e se reproduzem

Os animais nascem de outros animais, crescem, podem se reproduzir e morrem. Essa sequência, que ocorre com todos os seres vivos, chama-se **ciclo de vida**.

Ao nascer, os animais são chamados de filhotes. Os filhotes crescem e se desenvolvem. Com o tempo, eles se tornam adultos. Os adultos podem se reproduzir, dando origem a novos filhotes.

Ciclo de vida de um gato

Filhote de gato. Gato adulto. Reprodução. Novos filhotes. Morte.

Os elementos estão representados fora de proporção entre si. Cores-fantasia.

Como nascem os filhotes

Alguns filhotes de animais se desenvolvem na barriga da fêmea, como os seres humanos, os cachorros e os macacos. A gestação corresponde ao tempo que um filhote fica dentro do corpo da fêmea, desenvolvendo-se e recebendo tudo de que precisa para sobreviver. O tempo de gestação varia de um animal para outro.

Comprimento do adulto: 60 centímetros.

O bicho-preguiça se desenvolve na barriga da fêmea.

9. Observe as fotos de Adriana em diferentes momentos de sua vida.

a) O que essas imagens representam?

_____

_____

b) Numere as fotos de acordo com a passagem do tempo.

c) Assim como os outros animais, o ser humano pode se reproduzir. Em que resulta a reprodução nos animais?

_____

_____

_____

10. Em relação ao ciclo de vida, responda.

a) Você mudou muito desde que nasceu? Descreva para um colega as principais diferenças entre como você é agora e como era quando bebê.

b) Faça um desenho representando como você acha que ficará quando for adulto.

Outros animais nascem de ovos que as fêmeas põem. Os filhotes terminam seu desenvolvimento fora do corpo da fêmea, dentro do ovo. O ovo contém os nutrientes necessários para que o filhote se desenvolva.

Comprimento do ovo: 3 centímetros.

Multimídia
Ciclo de vida da tartaruga marinha

Muitas serpentes nascem de um ovo, como a falsa coral.

Existem filhotes que, ao nascer dos ovos, são completamente diferentes dos adultos que os geraram. Durante seu desenvolvimento, esses filhotes se modificam muito. Essa transformação é chamada de **metamorfose**. Exemplos de animais que se desenvolvem pela metamorfose são os sapos e as borboletas.

Desenvolvimento do sapo comum

Ovos.   Girinos.   Girinos com pernas.   Sapo adulto.

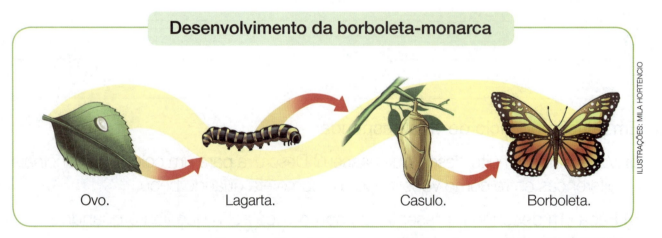

Desenvolvimento da borboleta-monarca

Ovo.   Lagarta.   Casulo.   Borboleta.

Os elementos das imagens estão fora de proporção. Cores-fantasia.

Álbum de Ciências — Cuidados com os filhotes

Após o nascimento, os animais têm maneiras distintas de cuidar dos filhotes para garantir a sobrevivência deles.

Envergadura do adulto: 2 metros.

A fêmea do gavião-real põe dois ovos no ninho, mas o casal cria apenas um filhote. O casal de gavião-real se reveza no cuidado do filhote por mais de um ano, até que o jovem já esteja pronto para voar e caçar.

Tartaruga-oliva desovando. Um ninho pode ter mais de cem ovos. Após a desova, ela volta para o mar e não cuida dos filhotes. O casco de uma tartaruga-oliva adulta mede cerca de 65 centímetros.

Quando nascem, os filhotes saem do ninho e seguem para o mar.

23

Animais da Amazônia

Anta: animal terrestre com o corpo coberto de pelos. Caminha sobre áreas secas e onde se sente seguro. Chega a 2 metros de comprimento e pode passar de 250 quilogramas. Come apenas frutos e folhas. Tem um filhote por gestação.

Harpia: animal terrestre com o corpo coberto de penas. Locomove-se voando. A distância de uma ponta da asa à outra pode chegar a 2 metros. Alimenta-se de preguiças, cachorros-do-mato, iguanas, entre outros animais.

Sucuri: animal de hábitos aquáticos e terrestres. Rasteja sobre o solo e nada na água. Pode medir até 12 metros de comprimento e passar de 300 quilogramas. Coloca cerca de 29 ovos por período de reprodução. Alimenta-se de outros animais.

Ariranha: animal aquático e terrestre. Tem o corpo coberto de pelos. Pode se locomover nadando na água ou caminhando sobre o solo. Alimenta-se principalmente de peixes. Chega a medir 180 centímetros de comprimento.

24

Saí-andorinha: animal terrestre com o corpo coberto de penas. Voa para se locomover pelo ambiente. A fêmea é verde e o macho é azul. Come frutos e insetos. Mede aproximadamente 14 centímetros e tem cerca de 30 gramas.

Macaco-aranha: animal terrestre com o corpo coberto de pelos. Para se locomover, salta entre as árvores usanto as pernas, os braços e a cauda. Alimenta-se de flores, frutos e mel. Sua gestação dura aproximadamente 230 dias. Mede até 70 centímetros da cabeça até o final do corpo e a cauda chega a medir 90 centímetros.

Onça-pintada: animal terrestre com o corpo coberto de pelos. Alimenta-se exclusivamente de outros animais. Para se locomover, anda ou corre. Quando adulto, tem cerca de 100 quilogramas e 180 centímetros de comprimento, sem contar a cauda.

Boto-vermelho: animal aquático. Nada utilizando suas nadadeiras. Tem poucos pelos no corpo, somente quando é filhote. Chega a aproximadamente 154 quilogramas e 2 metros de comprimento. Cada gestação dura 11 meses e gera um filhote. Alimenta-se de peixes.

Mariposa-imperador: animal terrestre. Possui duas asas, que usa para voar. Sua alimentação é composta de néctar, um líquido açucarado produzido em flores. Com as asas abertas, chega a medir 30 centímetros.

Os elementos estão representados fora de proporção entre si. Cores-fantasia.

25

A classificação dos animais

Classificar os seres vivos significa organizá-los em grupos, de acordo com as suas **características**.

Agrupar seres vivos com características semelhantes é uma forma de classificação.

1 Por que é importante classificar os animais?

_____

_____

- Você conhece algum exemplo de classificação dos animais? Qual?

_____

_____

_____

Os animais, por exemplo, podem ser classificados em herbívoros, carnívoros ou onívoros. Nesse caso, a característica escolhida para agrupar os animais é o tipo de alimentação.

Outra característica que permite classificar os animais em dois grandes grupos é a presença ou a ausência de coluna vertebral.

- Animais que apresentam coluna vertebral:

Comprimento: 15 centímetros.

Comprimento: 14 centímetros.

O sapo, o soldadinho-do-araripe e o ser humano são exemplos de animais que apresentam coluna vertebral.

26

• Animais que não apresentam coluna vertebral:

Envergadura: 6 centímetros.

Comprimento: 20 centímetros.

Comprimento: 10 centímetros.

A borboleta, a lula e a estrela-do-mar são exemplos de animais que não apresentam coluna vertebral.

2. Observe as imagens e as fichas a seguir.
   • Que características apresentadas no texto da ficha podem ser usadas para classificar estes animais?

Cupim: vive dentro do solo ou da madeira; alimenta-se principalmente de madeira e não tem coluna vertebral. Mede cerca de 1 centímetro de comprimento.

Tamanduá-bandeira: possui o corpo coberto de pelos; alimenta-se de formigas e de cupins e apresenta coluna vertebral. Pode atingir 2 metros de comprimento.

Animais invertebrados

Os animais invertebrados não apresentam crânio nem coluna vertebral.

Existem muitos animais invertebrados. Alguns vivem em ambientes aquáticos, e outros, em ambientes terrestres. A forma do corpo desses animais também varia bastante. Veja alguns exemplos a seguir.

Aranhas, formigas e camarões têm muitas pernas. O corpo desses animais possui um esqueleto externo, chamado exoesqueleto.

Aranhas, formigas e camarões têm pernas articuladas.

As minhocas possuem o corpo mole, formado por anéis. A maioria das minhocas é terrestre.

As minhocas respiram por meio da pele.

As águas-vivas são animais que possuem o corpo gelatinoso e vivem no ambiente marinho.

Águas-vivas podem causar queimaduras nas pessoas.

A lesma, o polvo, o caracol e a ostra possuem o corpo mole. Porém, o caracol e a ostra possuem conchas protegendo o seu corpo.

O caracol de jardim é um animal terrestre, e o polvo é um animal marinho.

A estrela-do-mar e o ouriço-do-mar são encontrados apenas no ambiente marinho. Eles possuem espinhos na superfície do corpo, que podem ser observados facilmente nos ouriços.

A estrela-do-mar e o ouriço-do-mar alimentam-se de outros animais.

Os elementos representados estão fora de proporção.

28

3) Ligue as colunas indicando o que os animais invertebrados de cada conjunto têm em comum.

Vivem em ambiente aquático.

Vivem em ambiente terrestre.

Têm concha.

Os elementos das imagens não estão na mesma proporção. Cores-fantasia.

4) Animais invertebrados podem habitar uma grande variedade de lugares, ser herbívoros ou carnívoros, entre outras características.

- Escolha um desses animais e faça uma pesquisa sobre ele.
- Procure informações como: a região em que habita, do que se alimenta, se serve de alimento para outros animais, se pode ser benéfico ou perigoso para o ser humano etc.

Animais vertebrados

Os animais vertebrados apresentam esqueleto com crânio e coluna vertebral. Eles são classificados em cinco grupos, cada um com características diferentes.

Peixes: em geral, os peixes nascem de ovos e têm nadadeiras, que utilizam para se locomover na água. A maioria deles tem o corpo coberto por escamas. O tubarão e a tainha são exemplos de peixes.

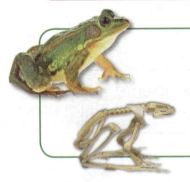

Anfíbios: os anfíbios têm a pele nua, fina e úmida. Eles nascem de ovos e, geralmente, no início da vida têm o corpo diferente da forma adulta. Vivem dentro da água, quando jovens, e fora dela, quando adultos. O sapo e a perereca são exemplos de anfíbios.

Répteis: a maior parte dos répteis é terrestre e nasce de ovos. Eles podem ter o corpo coberto por escamas e se locomover rastejando, como as serpentes; caminhar rente ao chão e ter o corpo coberto por placas duras, como o jacaré; ou, ainda, podem nadar e ter o corpo coberto por carapaça, como a tartaruga marinha.

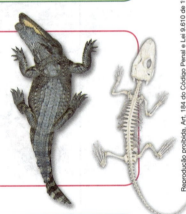

Aves: as aves nascem de ovos. Elas têm asas e o corpo coberto por penas, o que permite que a maioria delas consiga voar. A gaivota e o pinguim são exemplos de aves.

Mamíferos: a pele da maioria dos mamíferos é coberta por pelos. Seus filhotes nascem do corpo da fêmea e mamam o leite produzido pela mãe. Existem mamíferos terrestres, como o cachorro e o morcego, e mamíferos aquáticos, como a baleia.

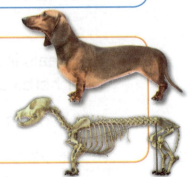

PIRANHA: SCHANKZ/SHUTTERSTOCK; ESQUELETO DE PIRANHA: GERARD LACZ/ANIMALS ANIMALS/KEYSTONE BRASIL; SAPO: QIUJU SONG/SHUTTERSTOCK; ESQUELETO DE SAPO: DORLING KINDERSLEY/UIG/SCIENCE PHOTO LIBRARY/LATINSTOCK; JACARÉ: TUULIJUMALA/SHUTTERSTOCK; ESQUELETO DE JACARÉ: SCOTT CAMAZINE/ALAM/GLOW IMAGES; PAPAGAIO: ARCO IMAGES GMBH/ ALAMY/GLOW IMAGES; ESQUELETO DE PAPAGAIO: FABIO COLOMBINI; CACHORRO: NIKOLAI TSVETKOV/SHUTTERSTOCK; ESQUELETO DE CACHORRO: DANIEL SAMBRAUS/SCIENCE PHOTO LIBRARY/LATINSTOCK

Os elementos representados estão fora de proporção.

5. Escreva o nome de um animal que você já viu em casa ou em lugares que visitou, de acordo com a classificação.

Multimídia
Procurando Luli

a) Peixe: _____.

b) Anfíbio: _____.

c) Réptil: _____.

d) Ave: _____.

e) Mamífero: _____.

6. Leia o quadro com as características dos animais e observe as imagens.
   - Escreva os números correspondentes às características de cada animal e o nome do grupo de vertebrados ao qual cada um pertence.

1. Pelos
2. Penas
3. Asas
4. Escamas
5. Pele sem pelos, escamas ou penas
6. Pernas
7. Nadadeiras

Comprimento: 60 cm.

Teiú: _____

Comprimento: 20 cm.

Arambé-azul: _____

Comprimento: 2 metros.

Anta: _____

Comprimento: 90 cm.

Aruanã: _____

Comprimento: 4 cm.

Rã-tijolo: _____

Animais marinhos

Baleia jubarte: é um mamífero. Sua gestação dura 11 meses. Durante a amamentação, ela permanece mais próxima da superfície, para que o filhote suba para respirar. As baleias jubarte podem chegar a 40 toneladas e medir 16 metros.

Cavalo-marinho: é um peixe. O cavalo-marinho macho tem uma espécie de bolsa onde carrega os ovos até o nascimento dos filhotes. Nascem mais de mil filhotes por período reprodutivo.

Lagosta: animal invertebrado. A fêmea produz milhares de ovos por período reprodutivo e os guarda no abdome. Vive em tocas entre recifes de corais, rochas e vegetação.

Água-viva: animal invertebrado. A maioria das espécies possui tentáculos, utilizados para capturar alimentos e para se defender. Pode variar bastante de tamanho, e seus tentáculos podem ter vários metros de comprimento.

Abdome: barriga.

Envergadura: distância de ponta a ponta.

Raia-manta: é um peixe. Essa espécie é a maior que existe, podendo alcançar oito metros de envergadura e passar de duas toneladas. Seu ovo se desenvolve dentro do corpo da fêmea. Nasce apenas um filhote por vez.

Estrela-do-mar: animal invertebrado. A maioria possui cinco braços. Quando um de seus braços é arrancado, a estrela-do-mar tem a capacidade de gerar um novo. O braço arrancado pode originar uma nova estrela-do-mar.

Paguro: animal invertebrado. Para se proteger, o paguro se abriga em conchas abandonadas. À medida que cresce, a concha fica pequena e ele procura uma nova concha para se abrigar.

Os elementos da imagem não estão na mesma proporção. Cores-fantasia.

33

Para ler e escrever melhor

Este texto **descreve** um animal invertebrado.

O polvo

O polvo é um animal invertebrado que **vive** nos oceanos. Ele é normalmente encontrado em locais com até duzentos metros de profundidade.

Seu **corpo** é mole e não possui concha. Ele apresenta oito braços longos e sua cabeça e seus olhos são bem desenvolvidos.

Para se **locomover**, o polvo lança jatos de água que empurram o seu corpo. Ele também usa seus braços para andar sobre rochas ou areia.

O polvo é **carnívoro** e se alimenta de pequenos peixes, caranguejos e mexilhões, entre outros animais.

Para escapar dos animais que querem comê-lo, como focas e peixes carnívoros, o polvo tem alguns **comportamentos** interessantes. Um deles é mudar a cor de sua pele, confundindo-se com o ambiente. Ele também pode liberar tinta preta na água para atrapalhar o animal que quer caçá-lo, ganhando tempo suficiente para fugir.

DAYANE RAVEN

34

Analise

1. Circule os aspectos da vida do polvo que foram usados no texto para descrevê-lo.

alimentação   ambiente em que vive   reprodução

locomoção   tamanho   comportamento

características do corpo   tempo de vida

Organize

2. Escolha dois aspectos que você circulou na atividade anterior e preencha o esquema descrevendo o polvo.

Polvo

Aspecto: _____

_____
_____
_____
_____
_____

Aspecto: _____

_____
_____
_____
_____
_____

Escreva

3. Escolha um animal invertebrado e escreva um texto sobre ele no caderno. Utilize os critérios a seguir para descrevê-lo.

- Faça um desenho ou cole uma imagem do animal escolhido.

Ambiente onde vive   Características do corpo   Alimentação

35

CAPÍTULO 3

Os seres humanos são animais

Multimídia
Esqueleto

Você estudou nos capítulos anteriores que os seres humanos são animais; portanto, eles possuem características como: alimentam-se, desenvolvem-se e podem gerar descendentes. Além disso, os seres humanos possuem coluna vertebral e são mamíferos.

O ser humano faz parte do grupo dos vertebrados, ou seja, possui **esqueleto interno**. O conjunto de ossos e cartilagens forma o esqueleto. Os ossos são partes duras e resistentes do corpo humano. Podem ter diferentes formas e geralmente são esbranquiçados.

As funções dos ossos são: proteger estruturas internas do corpo, como o coração e os pulmões; sustentar e dar forma ao corpo; e auxiliar na realização dos movimentos.

A junção entre dois ou mais ossos é chamada de articulação. A maioria das articulações possibilita o movimento entre os ossos.

Nas articulações, pode existir cartilagem. A cartilagem é um material flexível e pode ser encontrada também no nariz e na parte externa das orelhas.

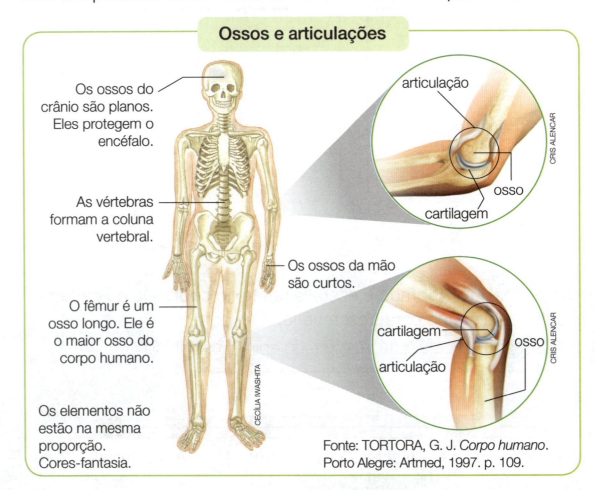

Ossos e articulações

- Os ossos do crânio são planos. Eles protegem o encéfalo.
- As vértebras formam a coluna vertebral.
- O fêmur é um osso longo. Ele é o maior osso do corpo humano.
- Os elementos não estão na mesma proporção. Cores-fantasia.
- Os ossos da mão são curtos.
- articulação, osso, cartilagem
- cartilagem, osso, articulação

Fonte: TORTORA, G. J. *Corpo humano*. Porto Alegre: Artmed, 1997. p. 109.

Cuidados com a postura

A posição em que mantemos nosso corpo ao sentar, deitar ou nos movimentar é chamada de postura. Ela está relacionada à coluna vertebral.

Devemos estar sempre atentos à nossa postura, pois essa é uma forma de cuidar da nossa saúde.

1. Você já prestou atenção em sua postura? Demonstre para um colega a postura que você utiliza ao caminhar e ao sentar.

Manter uma postura correta evita que o corpo faça esforços desnecessários que possam causar lesões.

Postura adequada para caminhar
- Olhar para a frente.
- Ombros para trás e peito aberto.
- Mover os braços no ritmo dos passos.
- Manter as costas retas.
- Dobrar os joelhos ao mover a perna.
- Apoiar primeiro o calcanhar quando for dar um passo.

Para sentar, também é preciso ficar com a coluna reta e deixar os pés apoiados no chão. Mas lembre-se de que ficar muito tempo na mesma posição é cansativo. É necessário mudar de posição ou levantar e caminhar um pouco após passar certo tempo sentado.

2 Circule as características dos seres humanos.

> Vertebrado   Anfíbio   Voa para se locomover
>
> Corpo coberto de escamas   Possui oito pernas
>
> Mamífero   Nasce de ovos   Réptil   Possui esqueleto
>
> Filhotes nascem do corpo da fêmea   Peixe

3 Defina as palavras do esquema abaixo.

4 Leia a tirinha e responda às questões.

TURMA DA MÔNICA   Mauricio de Sousa

a) Quais articulações dos braços a Mônica usa para pular corda?

_____

_____

b) Quais articulações das pernas a Mônica usa para pular corda?

_____

5 Junte-se a alguns colegas e leiam o texto para responder às questões.

> O cálcio é muito importante para a saúde e o crescimento dos ossos. Ingerimos cálcio por meio da alimentação.

a) Pesquisem três alimentos ricos em cálcio.

_____

_____

 b) O que vocês acham que pode acontecer aos ossos de uma pessoa que não ingere quantidades suficientes de cálcio?

_____

_____

_____

_____

 Aplique os conhecimentos que você já possui. Procure lembrar as situações anteriores, faça conexões com outros acontecimentos. Você já deve ter ouvido algo sobre a ingestão de cálcio.

6 Assinale a imagem que mostra a postura correta.

39

O mundo que queremos

Brincadeira é coisa séria!

As crianças adoram brincar, mas essa não é uma característica exclusiva dos seres humanos. Alguns animais, como cães e gatos, também brincam. Os cachorros adoram brincar com bolinhas e correm para pegá-las. Os gatos gostam de brincar com novelos de lã. As brincadeiras auxiliam os animais no seu desenvolvimento. E você, gosta de brincar com o quê?

Muitas brincadeiras que envolvem movimentos do corpo proporcionam saúde e bem-estar. Assim, quando você corre, pula e se abaixa ao brincar de pega-pega, por exemplo, realiza uma atividade física, exercitando o corpo.

Quando se fala em criança saudável, fala-se também de uma criança feliz. As brincadeiras são uma ótima forma de se divertir com os amigos e se sentir mais animado. Portanto, não se esqueça de algo muito importante para a saúde dos seres humanos: brincar!

Por que brincar é tão importante?

Brincar é diversão? Sim, mas não é só isso. Tem muito mais por trás de um jogo, de uma atividade, de um pega-pega. Estimular o brincar é essencial para que a criança possa se desenvolver melhor.

Muito adulto ainda acha que brincar é perda de tempo. Por isso, acaba criando uma agenda de compromissos formais para a criança. Essa visão distorcida pode prejudicar o desenvolvimento. [...]

Portal EBC. Fundação Maria Cecília Souto Vidigal. *Por que brincar é tão importante?* Disponível em: <http://mod.lk/impbrinc>. Acesso em: 10 abr. 2018.

Compreenda a leitura

1 Assinale as alternativas corretas de acordo com os textos.

☐ As brincadeiras não trazem benefícios à saúde.

☐ Podemos realizar uma atividade física por meio de brincadeiras.

☐ Somente os seres humanos brincam.

☐ Muitos adultos perdem tempo brincando.

☐ Brincar colabora para o desenvolvimento da criança.

2 Como as brincadeiras que envolvem movimentos podem contribuir para a saúde?

_____

_____

_____

Vamos fazer

3 Com a ajuda do professor, selecionem brincadeiras e organizem uma gincana no pátio da escola.

- As brincadeiras podem ser escolhidas por votação. Vejam alguns exemplos: corrida de sacos, cabo de guerra, carrinho de mão, entre outras.

- Criem um circuito com diversas estações. Em cada uma proponham uma das brincadeiras escolhidas.

- Dividam a turma em grupos e divirtam-se!

4 Como prêmio a todos que participaram da gincana e como forma de integração, organizem um lanche coletivo.

Seja criativo na hora de propor as brincadeiras!

1. As frases a seguir estão incorretas. Reescreva cada uma delas, corrigindo-as.

   a) Um morcego que se alimenta tanto de frutas quanto do néctar das flores é onívoro, pois come dois tipos de alimento.

   _____

   _____

   b) O ser humano é considerado um animal carnívoro porque pode se alimentar de carne.

   _____

   _____

2. Leia o texto e responda à questão.

   > Um dos problemas de jogar lixo e água de esgoto nos rios é que essa ação pode diminuir a quantidade de gás oxigênio misturado na água.

   - Por que isso afeta os animais aquáticos?

   _____

   _____

3. Observe a imagem ao lado e, depois, responda.

   a) A qual grupo de vertebrados pertencem os seres humanos?

   _____

   b) Quais características presentes na foto indicam que os seres humanos pertencem ao grupo mencionado no item **a**?

   _____

   _____

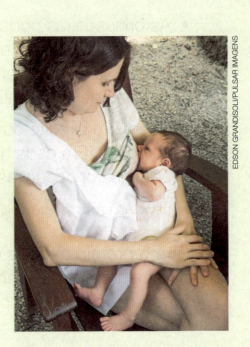

42

4 Escreva uma legenda para cada imagem a seguir.

_____

_____

_____

_____

5 Observe os elementos a seguir.

a) Cite duas características que poderiam ser usadas para classificá-los.

_____

b) Dê um exemplo de uma característica que **não** poderia ser usada para diferenciá-los. Explique.

_____

_____

O QUE VOCÊ APRENDEU

6 A tabela ao lado mostra uma pesquisa sobre os tipos de animal de estimação da classe de Luciano.

Tipos de animal de estimação	
Animal	Número de alunos que o possuem
Gato	☺☺☺☺
Cachorro	☺☺☺☺☺☺
Pássaro	☺☺
Peixe	☺☺☺

Cada ☺ representa uma criança.

a) Quantos alunos da sala de Luciano têm animais que se locomovem nadando? E quantos têm animais que se locomovem voando?

_____

_____

b) Quantos alunos da classe possuem algum animal de estimação?

_____

7 Observe as imagens que mostram as fases do ciclo de vida de uma joaninha.

- Numere as imagens na ordem em que as fases acontecem e escreva o nome de cada uma das fases.

44

8 Leia a tirinha e responda às questões.

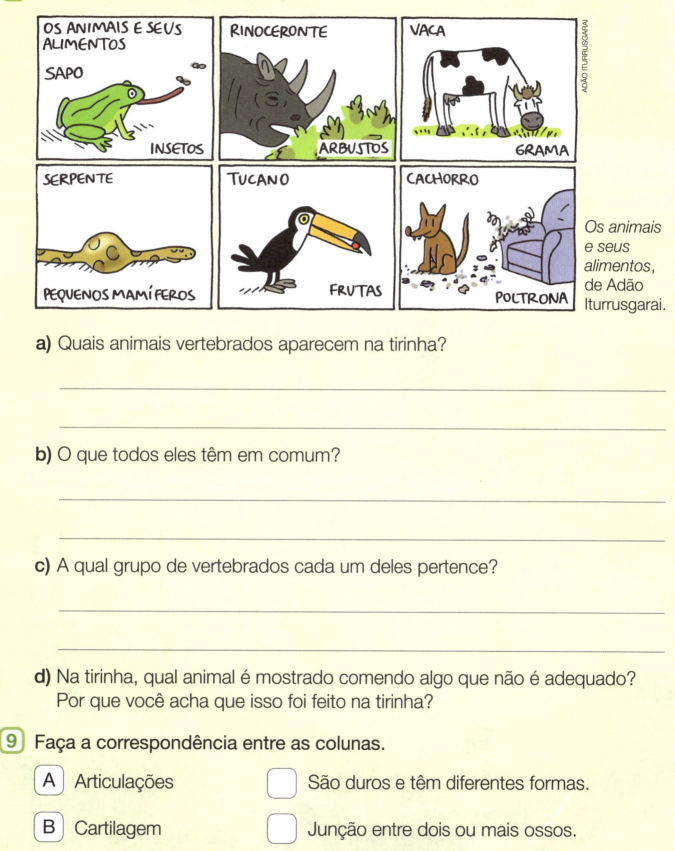

Os animais e seus alimentos, de Adão Iturrusgarai.

a) Quais animais vertebrados aparecem na tirinha?

_____
_____

b) O que todos eles têm em comum?

_____
_____

c) A qual grupo de vertebrados cada um deles pertence?

_____
_____

d) Na tirinha, qual animal é mostrado comendo algo que não é adequado? Por que você acha que isso foi feito na tirinha?

9 Faça a correspondência entre as colunas.

A	Articulações	☐	São duros e têm diferentes formas.
B	Cartilagem	☐	Junção entre dois ou mais ossos.
C	Ossos	☐	Pode ser encontrada no nariz e na parte externa da orelha.

45

Vamos conversar

1. O cenário da imagem parece ser tranquilo ou barulhento? Por quê?
2. O que a ambulância faz para ser notada no trânsito?
3. De que outras formas a ambulância poderia chamar a atenção?

Investigar o assunto

A luz e a visão

Você já deve ter percebido que é mais difícil enxergar o ambiente à noite do que de dia. Por que que isso acontece? Será que a luz tem alguma influência nesse fenômeno?

Em Ciências, as explicações possíveis para questões como essa são chamadas de **hipóteses**. Para que uma hipótese seja aceita, ela precisa ser testada.

O que você vai fazer

Realizar um experimento para testar a seguinte hipótese: *A luz é importante para enxergar objetos*.

Material

- caixa de papelão com tampa
- caneta
- fita adesiva ou cola
- folhas de papel preto
- folha de papel branco
- lápis de cor

Como você vai fazer

1. Destampem a caixa e forrem a parte interna com o papel preto. Prendam o papel com fita adesiva ou cola. Forrem a parte interna da tampa da caixa do mesmo modo. Dessa forma a caixa ficará bem escura.

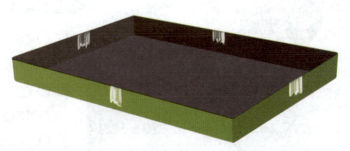

2. Em uma das paredes da caixa, façam um furo pequeno com a caneta, do tamanho de um grão de feijão. Se necessário, peçam ajuda ao professor ou a um adulto.

3. Um aluno do grupo deve pegar uma folha de papel branco e escrever alguma palavra nele, sem contar para os colegas. Depois, deve prendê-lo dentro da caixa com fita adesiva, no lado oposto ao furo, e, então, colocar a tampa na caixa.

4. Os outros alunos do grupo devem olhar pelo furo e tentar ler a palavra.

5. Agora, retirem a tampa da caixa. Olhando pelo furo da caixa, tentem ler a palavra novamente.

Para você responder

1. Em que situação a luz entra na caixa?

☐ Com a tampa aberta.   ☐ Com a tampa fechada.

2. Em que situação foi mais fácil ler a palavra?

☐ Com a tampa aberta.   ☐ Com a tampa fechada.

3. Esse experimento rejeitou ou confirmou a nossa hipótese?

_____

49

CAPÍTULO 1. Os sentidos

Áudio
A audição

Os **olhos** são as estruturas do corpo responsáveis pela **visão**. Por meio da visão, enxergamos as cores, as formas, os tamanhos e a posição dos objetos.

Os olhos são sensíveis à luz. Quanto menos luz há no ambiente, mais difícil de enxergar o que há nele.

HENRIQUE JORGE

As **orelhas** são as estruturas do corpo responsáveis pela **audição**. Por meio da audição, percebemos o som e identificamos de onde ele vem. Pela audição também é possível distinguir o som grave do agudo e o som fraco do intenso.

A estrutura do corpo responsável pelo **tato** é a **pele**. Por meio dela, percebemos a textura, a forma e a temperatura do que estamos tocando. Também podemos sentir dor. O corpo inteiro é coberto por pele.

Com o tato, a menina percebe o vento e as teclas do piano. Com a visão, enxerga as cores e a posição das teclas. Com a audição, percebe os sons que produz ao tocar o piano e o canto do pássaro.

50

1. Marina foi tomar banho e percebeu que a água estava muito fria.

   a) Com que sentido Marina percebeu a temperatura da água?

   _____

   _____

   b) Que estrutura do corpo é responsável por esse sentido? Qual parte do corpo essa estrutura recobre?

   _____

   _____

2. Observe a imagem e responda às questões.

   - Que sentido é usado para ler em braile? Qual é a estrutura usada?

   _____

   _____

   _____

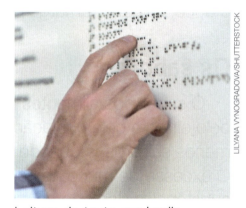

Leitura de texto em braile.

3. Em que situações os sentidos nos alertam sobre perigos? Circule.

- Quais sentidos estão envolvidos nas situações que você circulou?

_____

O **olfato** é o sentido pelo qual percebemos os odores, isto é, os cheiros. A estrutura do corpo responsável por captar os cheiros é o **nariz**.

É possível sentir cheiros gostosos, como o da comida favorita, cheiros ruins, como o de meias sujas, e cheiros que nos alertam do perigo, como o de fumaça ou o de comida estragada.

A **gustação** é o sentido pelo qual percebemos os gostos. A principal estrutura do corpo responsável pela gustação é a **língua**. A superfície da língua é coberta por pequenas estruturas chamadas de botões gustativos, que captam o gosto dos alimentos. Assim, quando o alimento toca a língua, é possível sentir se ele é doce, salgado, amargo ou azedo.

A língua é a estrutura do corpo capaz de perceber os gostos. O nariz capta os cheiros: são mais de 10 mil odores diferentes.

Os sabores

O sabor dos alimentos é uma mistura das sensações percebidas pelo olfato e pela gustação. É por isso que os alimentos parecem menos saborosos quando estamos resfriados, com o nariz entupido. O excesso de muco no nariz impede o contato com o ar e com as substâncias dos odores.

Será que todas as pessoas percebem os sabores da mesma forma? Como você poderia **descobrir uma resposta** para isso?

4 Quais estruturas relacionadas aos sentidos são usadas ao fazer uma refeição?

_____

_____

5 Veja abaixo a lista de alguns ingredientes do suco de laranja.

- Quais ingredientes são responsáveis pelo sabor da bebida? Explique sua resposta no caderno.

Ingredientes: água, suco de laranja, açúcar e aroma de laranja.

6 Muitas vezes, usamos nossos sentidos de maneira conjunta. Pinte quais estruturas do corpo podem ser utilizadas em cada situação.

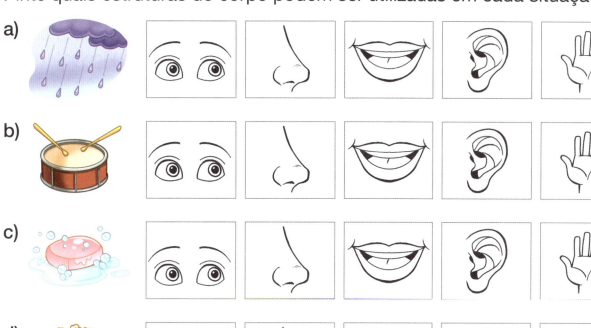

7 Encontre, no quadro abaixo, as estruturas do corpo relacionadas a cada um dos sentidos.

```
Q R A V I K O E R M Z C L O T H Y
U D P R Q O L H O S Y A Í D I D R
A H E I D C E I O S B T N H O I P
C T L S S A N A R I Z A G E K L I
J A E O H J O E L A R I U L I O W
E G D O F U S O R E L H A S D F M
O U A D L S F B X Z M L D U X J T
```

53

8 Leia o texto a seguir e depois responda às questões.

Abrindo os olhos de novo lentamente, o rapaz examinou o terreno em volta. A terra que o cercava era verde, com relva que balançava preguiçosa ao vento. O aroma era carregado de vida, o solo estava fresco aos seus pés e havia um forte cheiro de plantas, flores e grama vicejantes, crescendo livres, e estranhas árvores quadradas ao longe. Uma vaca chegou por trás dele e mugiu. [...]

Mark Cheverton. *Invasão do mundo da superfície*: uma aventura não oficial de Minecraft. Rio de Janeiro: Galera Junior, 2015.

Vicejante: que tem viço, exuberante.

a) Como o personagem do texto pôde perceber o ambiente em que estava?

_____

_____

b) O que ele conseguiu identificar com o olfato?

_____

_____

9 Escreva quais sentidos são utilizados em cada situação.

A

B

_____

_____

_____

_____

_____

_____

_____

_____

54

Álbum de Ciências | Deficiências sensoriais

Às vezes, um ou mais sentidos podem não funcionar muito bem em uma pessoa. Nesse caso, dizemos que é uma pessoa com deficiência sensorial.

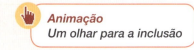
Animação
Um olhar para a inclusão

Isso não significa que ela não seja capaz ou não deva fazer o que deseja. Ela apenas precisa de outros recursos para realizar ações do cotidiano, como caminhar, conversar ou assistir à televisão.

É sempre importante lembrar que todas as pessoas devem ser respeitadas, não importando suas características físicas.

Piso tátil é um piso com textura diferente para auxiliar a locomoção de pessoas com deficiência visual.

piso tátil

As legendas ocultas, ou *closed caption*, representam as falas e os sons dos programas e ajudam pessoas com deficiência auditiva a assistir à televisão.

55

Para ler e escrever melhor

> O texto apresenta as **causas** e **consequências** do mau uso de dispositivos móveis.

Cuidados ao usar os dispositivos móveis

Passar muito tempo "grudado" em dispositivos eletrônicos móveis, como celulares ou *tablets*, pode trazer danos aos olhos e afetar o desenvolvimento.

Permanecer muito tempo com o celular próximo ao rosto pode **causar** prejuízo à saúde dos olhos. Essa atividade pode ter como **consequência** danos à visão, como a miopia, que é caracterizada pela dificuldade de enxergar com clareza objetos distantes.

Por **causa** da substituição total das brincadeiras tradicionais, que estimulam a coordenação motora, os reflexos e o contato físico direto, os jogos em dispositivos eletrônicos podem ter como **consequência** danos à audição, à gustação, ao olfato e ao tato. Isso acontece porque o desenvolvimento dos sentidos depende da interação com o ambiente.

Porém, os jogos virtuais também ajudam a desenvolver a criatividade e a velocidade de raciocínio. Por isso, recomenda-se que os dispositivos móveis sejam utilizados com moderação. É importante fazer pausas no uso e também brincar e interagir "no mundo real".

FABIO EUI SIRASUMA

Reprodução proibida. Art. 184 do Código Penal e Lei 9.610 de 19 de fevereiro de 1998.

Analise

1. O que podemos concluir após a leitura do texto? Faça um **X**.

    ☐ O texto afirma que os dispositivos móveis só causam problemas à saúde e devem ser evitados.

    ☐ O texto afirma que existem benefícios e malefícios causados pelo uso de dispositivos móveis.

Organize

2 Complete o esquema com os exemplos de causas e consequências apresentados no texto.

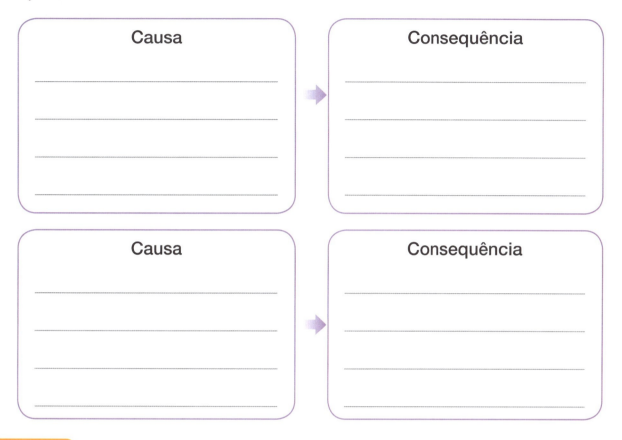

Escreva

3 Veja outros problemas provocados pelo mau uso de dispositivos móveis.

- Escreva um texto sobre como o mau uso dos dispositivos móveis pode provocar os problemas mostrados acima. Se quiser, busque informações adicionais para deixar seu texto mais interessante.

Pense em outras formas de escrever o seu texto. Busque outras causas e consequências relacionadas ao uso de dispositivos móveis para enriquecer o seu texto.

A luz

A luz é uma forma de energia que conseguimos perceber por meio da visão. É ela que nos permite enxergar os objetos à nossa volta. Por exemplo, ao entrar em um quarto escuro, não conseguimos enxergar nada ou quase nada. Mas, se acendermos a luz, poderemos ver o que existe nesse espaço.

A luz se move em linha reta a partir da fonte que a gerou. Em algumas situações, como na da foto ao lado, é possível observar feixes de luz em linha reta. A luz se move com grande velocidade. Até hoje não encontraram nada que se mova mais rápido que a luz.

A luz se propaga em linha reta.
Município de Uiramutã, Roraima, 2014.

1 Mônica fez um experimento para testar o movimento da luz usando tubos ocos de plástico. Observe as figuras.

- Em qual situação a luz da lanterna será projetada na parede? Por quê?

___
___
___

58

Fontes luminosas

Alguns corpos, como o Sol ou uma lâmpada acesa, **emitem** luz. Esses corpos são chamados de **fontes luminosas**. Nós enxergamos essas fontes quando a luz emitida por elas alcança nossos olhos. Existem fontes luminosas **naturais**, como o Sol e as outras estrelas, e **artificiais**, como as lâmpadas e outros objetos construídos pelos seres humanos.

Durante o dia, o Sol é a principal fonte luminosa. À noite, é preciso usar lâmpadas e outras fontes luminosas artificiais.

2 Escreva uma legenda para as imagens a seguir usando as palavras dos quadros.

emite   artificial   luz

_____
_____
_____

ilumina   planeta   natural

_____
_____
_____

59

A luz e os corpos

Os corpos podem ser classificados em transparentes, opacos e translúcidos, de acordo com a quantidade de luz que passa através deles.

Atividade interativa
Opaco, translúcido ou transparente

Os corpos **transparentes** permitem a passagem da luz sem espalhá-la. Por isso, é possível observar com nitidez os objetos que estão atrás deles. O vidro do para-brisa de um automóvel, por exemplo, é transparente.

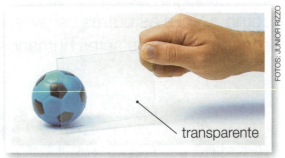
transparente

Os corpos **translúcidos** deixam passar parte da luz que recebem, mas ao atravessá-los ela se espalha. Por isso, os objetos que estão atrás deles são vistos com pouca nitidez. Uma folha de papel vegetal, por exemplo, é um corpo translúcido.

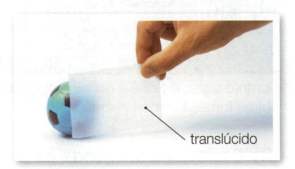
translúcido

Os corpos **opacos** não permitem a passagem da luz. Dessa forma, não é possível ver os objetos através deles. Uma porta de madeira, por exemplo, é um corpo opaco. Como a luz se movimenta em linha reta, ela não desvia desses corpos nem ilumina o que está atrás deles. Na área não iluminada, projeta-se uma sombra.

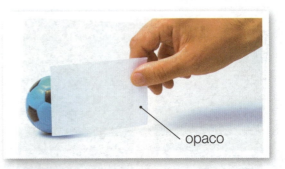
opaco

Quando a luz encontra corpos opacos, como guarda-sóis, sombras são projetadas. A sombra está sempre do lado oposto à fonte luminosa.

3. Classifique os objetos a seguir de acordo com a quantidade de luz que passa através deles.

_____   _____   _____

4. Complete as lacunas do texto com as palavras do quadro.

> opaco   projetadas   luminosa   sombras   oposto

No teatro de sombras, os atores ficam entre uma fonte _____ e uma tela. A plateia, que fica do lado _____ ao da fonte luminosa, não enxerga os atores, apenas as sombras _____ na tela.

Usando o próprio corpo e objetos diversos, os atores combinam as _____ para criar os cenários e as personagens das suas histórias. Essa técnica só é possível porque o corpo das pessoas é _____.

Espetáculo de teatro de sombras da companhia japonesa Gekidan Kageboushi, dirigido por Yasuaki Yamasaki, em 2015.

5 Classifique as frases em verdadeiras (**V**) ou falsas (**F**).

☐ O caderno é um corpo transparente.

☐ Os corpos transparentes permitem a passagem da luz.

☐ A folha de papel vegetal é um corpo translúcido.

☐ Os corpos opacos permitem a passagem de luz.

- Corrija as frases falsas.

_____

_____

6 Elza e seus amigos queriam brincar de cabra-cega. Eles precisavam de um pano para vendar os olhos da pessoa que seria a cabra-cega.

- O tecido do pano deveria ser translúcido, transparente ou opaco? Explique.

_____

_____

_____

7 Leia a frase e responda às questões.

> Ao atingir um corpo opaco, parte da luz é refletida e parte é absorvida, mas a luz não atravessa o material.

a) Com base na afirmação, marque um **X** na imagem que representa a reflexão da luz.

A ☐   B ☐

b) Explique o que acontece na imagem **B**.

_____

8. Observe o que acontece nos bastidores de um teatro de sombras.

a) O que você observa nos bastidores do teatro de sombras?

_____

_____

b) Escreva um pequeno texto usando as palavras do quadro.

| luz | sombra | linha reta | opaco |

_____

_____

_____

9. Observe a imagem e responda às questões.

a) O que é a imagem formada no chão?

_____

b) Como ela se formou?

_____

_____

c) O corpo da criança é transparente, translúcido ou opaco?

_____

CAPÍTULO 3 — O som

1. Feche os olhos por dois ou três minutos e preste atenção aos sons que você pode ouvir. Depois, descreva esses sons abaixo.

_____

_____

_____

- Esses sons transmitem alguma sensação para você? Qual?

O som é uma forma de energia que se espalha pelo espaço em forma de ondas sonoras. Essas ondas causam a **vibração** do meio em que se espalham.

Quando batemos na membrana de um tambor, ela vibra.

E o ar ao redor dela passa a vibrar também.

tímpano

Essa vibração chega às nossas orelhas e nos faz perceber o som.

Não podemos ver as ondas sonoras, mas nossas orelhas captam as vibrações que elas causam no ar. Percebemos os diferentes sons do ambiente porque eles fazem vibrar uma membrana que existe dentro de cada uma das orelhas, o **tímpano**.

Os elementos da imagem não estão na mesma proporção. Cores-fantasia.

Propriedades do som

O que faz um som ser diferente de outro? O som tem algumas **propriedades** que o caracterizam: intensidade, duração, altura e timbre.

A **intensidade** do som também é chamada de volume. Um grito tem uma intensidade maior que um sussurro, por exemplo.

A **duração** do som diz respeito ao tempo durante o qual o som é emitido. Para indicar que os carros podem seguir, o guarda emite um som curto com o apito. Para indicar que os carros devem parar, ele emite um som longo.

2 Leia a tirinha e responda às questões.

a) Qual propriedade do som está incomodando os personagens?

_____

 b) O som pode fazer as janelas tremerem? Explique.

A **altura** indica se um som é agudo ou grave. Quanto mais alto for o som, mais agudo ele será. O miado de um gato é mais agudo que um trovão, por exemplo. Na escrita musical, as **notas musicais** indicam a altura do som.

Ao ouvir uma canção, podemos distinguir os sons dos instrumentos, bem como a voz de quem está cantando. Essas diferenças entre um som e outro são chamadas de **timbre**. O timbre também nos permite reconhecer a voz das pessoas.

3 Ligue as colunas relacionando corretamente as frases às propriedades do som.

O choro do bebê é muito estridente.	Intensidade
A ambulância está longe, mas já consigo ouvir a sirene.	Altura
Reconheço essa voz! É do meu amigo Mateus!	Duração
O despertador tocou por cinco minutos sem parar.	Timbre

4 Complete a cruzadinha com as propriedades do som exemplificadas em cada situação.

a)
b) ⬜ I ⬜ ⬜ ⬜ E
c) ⬜ L ⬜ R ⬜
d) D ⬜ ⬜ ⬜ ⬜ Ã O

a) Carlos sussurrou na orelha de sua mãe.

b) Consegui ouvir o piano na música que tocava em casa.

c) Ouvi o som grave do trovão.

d) O celular tocou por cinco minutos.

5 Leia o quadrinho e responda à questão.

Organize os seus pensamentos antes de responder! Selecione as palavras corretas ao escrever e explique o seu ponto de vista.

- A qual propriedade do som a professora está se referindo? Explique.

_____
_____
_____

Música e instrumentos musicais

Na criação de uma música, o compositor leva em conta todas as propriedades do som: intensidade, duração, altura e timbre. Também leva em consideração os tempos de **silêncio**.

Ao **organizar** silêncios e diferentes sons de determinada maneira, o compositor cria na música a sensação de alegria ou tristeza, por exemplo.

6 Escolha uma canção de que você gosta e cante para seu colega.

- Depois, enquanto você canta de novo, seu colega deve acompanhar batendo palmas, assobiando ou produzindo qualquer outro som.

No mundo todo, as pessoas utilizam diferentes materiais para construir **instrumentos musicais** e criar músicas.

Os instrumentos musicais mais antigos que conhecemos são flautas feitas de ossos de animais. Alguns desses objetos têm mais de 40 mil anos de idade.

Estas flautas foram feitas com ossos de veado há mais de 3 500 anos. Museu Arqueológico Albinger, no Canadá.

Os indígenas produzem seus instrumentos utilizando materiais que cultivam ou coletam na floresta, como madeira, sementes e dentes de animais. A música tem uma importância muito grande para os povos indígenas.

Os chocalhos, como os maracás da foto, são bastante comuns entre os diferentes povos indígenas. Eles podem ser feitos com frutos secos preenchidos com sementes ou dentes de animais.

68

7 Leia o texto sobre a utilização do chocalho pelos indígenas. Depois, responda às questões.

Pode ser feito de cabaça recheada de sementes, paus, ossos, pedrinhas... Pode ser amarrado ou preso ao corpo [...]. Os movimentos do corpo fazem-no soar. Quando está separado do corpo, o tocador o faz soar com as mãos. Nesse caso ele possui um cabo.

Daniel Munduruku. *Coisas de índio*. São Paulo: Callis, 2000.

a) Que materiais os indígenas usam para fazer o chocalho?

_____

Cabaça: fruto seco usado como instrumento de percussão.

b) Quais são as duas maneiras de tocar o chocalho?

_____

_____

Os sons são produzidos com a vibração de objetos. Todos os instrumentos musicais apresentam partes que vibram.

Ao passar os dedos nas cordas de um violão, elas vibram e produzem o som. Já instrumentos de sopro, como uma flauta ou uma corneta, têm partes que vibram com a passagem do ar quando uma pessoa sopra o instrumento. Instrumentos de percussão vibram quando são tocados por baquetas, com as mãos ou outros acessórios.

8 Indique com uma seta as partes dos instrumentos que vibram para produzir o som.

Triângulo. Xilofone. Surdo. Bandolim.

Os elementos da imagem não estão na mesma proporção.

69

A bateria de uma escola de samba

Agogô: instrumento com dois cones ocos de metal que, ao serem tocados por uma vareta de madeira, produzem um som agudo.

Tamborim: instrumento com um pequeno tambor que vibra ao ser tocado por uma baqueta.

Chocalho: as pequenas peças de metal vibram ao serem balançadas e produzem um som agudo.

Surdo: tambor com grandes dimensões que produz sons graves por meio de uma baqueta.

ARTUR FUJITA

70

O mundo que queremos

Poluição sonora

Poluição sonora é o excesso de ruídos em um ambiente. Ela é mais comum em cidades grandes, onde há muitas pessoas e veículos. Locais próximos a obras ou a aeroportos também costumam apresentar um nível de ruídos elevado.

Em alguns municípios existem leis que obrigam casas de espetáculo, bares, templos religiosos e outros estabelecimentos a tomar medidas para evitar que o som se propague para fora deles.

A exposição à poluição sonora traz vários riscos. Os problemas de saúde mais comuns causados por ela são irritação, distúrbios do sono, dor de ouvido e dor de cabeça. Quando o ruído é muito intenso, pode gerar sintomas como tontura e enjoo. Com o passar do tempo, a poluição sonora pode provocar danos permanentes na audição.

O excesso de ruídos também prejudica a concentração e pode gerar dificuldade de aprendizado. Por isso, é importante que os ambientes da escola sejam tranquilos e livres de poluição sonora.

Ruídos: sons desagradáveis.
Distúrbios: algo que atrapalha, perturba.
Permanentes: que não podem ser revertidos.

Compreenda a leitura

1 Faça um X no ambiente onde é mais provável haver poluição sonora.

Praça Monsenhor Cid França Santos, no município de Bananal, São Paulo, 2016.

Avenida no município de São Paulo, São Paulo, 2016.

2 O que causa a poluição sonora?

_____

_____

3 Escreva três problemas de saúde que podem ser causados pela poluição sonora.

_____

_____

_____

4 Por que os ambientes da escola devem ser livres de poluição sonora?

_____

_____

_____

Vamos fazer

 5 Em grupos, vocês vão criar uma campanha de conscientização sobre a poluição sonora. Com ajuda do professor, vocês devem:

a) Pesquisar se existem medidas contra a poluição sonora na legislação do seu município.

b) Criar cartazes para informar o que é a poluição sonora e os riscos que ela traz. Esses cartazes podem indicar também algumas medidas que podem ser tomadas por quem se sente prejudicado.

c) O professor vai indicar o lugar onde esses cartazes podem ficar expostos.

d) Em uma data marcada pelo professor, vocês vão apresentar o trabalho para os demais colegas da turma.

 Ouçam e considerem a opinião de todos do grupo. Tomem as decisões em conjunto para a confecção dos cartazes.

1. Leia o texto e responda às questões.

O futebol de 5 é um esporte para pessoas com deficiência visual. Cada time conta com cinco jogadores, e apenas o goleiro é vidente.

A bola utilizada tem um chocalho, que auxilia sua localização. Ao se deslocar para pegar a bola, o jogador deve falar a palavra espanhola *voy* (em português: "vou"), para tentar evitar choques com outros jogadores. Durante a partida, a torcida deve permanecer em silêncio.

O jogador Ricardinho, da seleção brasileira de futebol de 5, se prepara para chutar a bola em partida durante os Jogos Paralímpicos do Rio de Janeiro, em 2016.

a) Qual é o sentido utilizado pelos jogadores de futebol de 5? Por quê?

_____

_____

b) Por que a torcida deve permanecer em silêncio durante a partida?

_____

_____

2. Ligue as colunas relacionando corretamente sentidos, órgãos e estímulos.

Visão	Língua	Luz
Audição	Pele	Cheiros trazidos pelo ar
Olfato	Nariz	Gosto dos alimentos
Gustação	Orelhas	Dor, calor, frio
Tato	Olhos	Sons

3 Observe a imagem e responda.

Chuva com raios na região central do município de Londrina, Paraná, 2015.

a) Há fontes luminosas naturais na imagem? Explique.

_____

b) Há fontes luminosas artificiais na imagem? Explique.

_____

_____

4 Talita é arquiteta e está escolhendo os materiais para as janelas de um restaurante.

As janelas precisam dar privacidade, mas o ambiente não pode ser escuro...

a) Que tipo de material é o mais recomendado para a janela do restaurante?

☐ Transparente. ☐ Translúcido. ☐ Opaco.

b) Explique sua escolha no item anterior.

_____

_____

75

O QUE VOCÊ APRENDEU

5 Escreva um pequeno texto sobre cada imagem usando as palavras dos quadros.

prejudicar   intensidade   audição

_____
_____
_____
_____

timbre   instrumento musical

_____
_____
_____
_____

6 Complete o texto com as palavras do quadro.

espalham   ar   vibrarem   fala   som

Na nossa garganta estão as pregas vocais, estruturas responsáveis pela _____. Quando falamos, o _____ que passa pela garganta faz as pregas vocais _____, produzindo o _____. Essas vibrações se _____ no ar e podem chegar às nossas orelhas.

76

7 Em grupo, leiam a parlenda a seguir.

As formigas e a cigarra

Havia chegado o inverno
e, sem nada na barriga,
a cigarra foi atrás
das vizinhas, as formigas:

— Por favor, minhas amigas,
peço um pouco de comida,
pois estou ficando fraca
e corro risco de vida.

As formigas responderam:
— Mas enquanto era verão
nós ficamos aqui trabalhando.
O que fez você, então?

E a cigarra respondeu:
— Eu fiquei na cantoria
das mais lindas melodias,
dia e noite, noite e dia.

E as formigas declararam:
— Nós não vamos repetir
o erro de nossas avós.
Temos pão para repartir.

Entre aqui na nossa casa,
coma o que tiver vontade,
pois o seu cantar é belo
e tem muita qualidade.

Ao mostrar a sua arte,
Você nos fez muito bem.
Cultivou a nossa alma,
não podemos ficar sem.

As formigas mais antigas
não sabiam que na arte
existe dedicação,
há suor em cada parte.

O que fazem os artistas
é um trabalho, e de valor.
Eles devem ser tratados
com respeito e com amor.

Ricardo da Cunha Lima. *Cambalhota*. São Paulo: Companhia das Letrinhas, 2003.

a) Testem algumas propriedades do som na leitura dessa parlenda.

- Altura: leiam alguns trechos com voz aguda e outros com voz grave.
- Intensidade: leiam alguns trechos em voz alta e outros sussurrando.
- Duração: leiam alguns trechos em ritmo rápido e outros em ritmo lento.

b) Vocês podem usar objetos para criar sons e acompanhar a leitura.

3 Planeta Terra

Esta foto, tirada pela tripulação de um ônibus espacial em 2007, mostra a Estação Espacial Internacional girando ao redor da Terra.

Vamos conversar

1. Olhando para a foto, você consegue ter uma ideia de como é a forma do planeta Terra?
2. O que são as áreas azuis na foto?
3. O que são as áreas marrons?
4. O que são as manchas brancas?
5. Observe a camada azul brilhante que aparece no horizonte. O que é essa camada?

Investigar o assunto

Observação do solo

O que você vai fazer

Observar como é o solo em sua escola.

Material

- pá de jardim
- palito de madeira
- lupa de mão (opcional)
- luvas
- 2 saquinhos plásticos
- etiquetas e canetas
- folhas de jornal

Como você vai fazer

1. Reúnam-se em grupos. Escolham um local da escola em que o solo esteja visível. Reparem no que existe sobre ele. Registrem essa e outras informações no caderno.

2. Coloquem as luvas e, com a pá de jardim, cavem um buraco no solo de mais ou menos um palmo e meio de profundidade.

3. Observem como são a parte mais profunda e a mais superficial do solo. Anotem essas informações no caderno.

4. Retirem um pouco de solo do fundo do buraco e coloquem em um saquinho plástico. Depois, façam o mesmo com o solo da superfície.

5. Identifiquem cada saquinho com uma etiqueta. Essas serão suas amostras de solo.

6. Voltem à sala de aula e forrem as carteiras com as folhas de jornal. Despejem as duas amostras de solo sobre as folhas de jornal, sem misturá-las.

7. Com o palito de madeira, remexam as amostras. Utilizem a lupa para ver melhor.

80

Para você responder

1. Observem as características de cada amostra de solo e preencham o quadro.

Discuta com os colegas o que vocês observaram e decidam como a tabela deve ser preenchida. Se for preciso, **avalie novamente** as amostras do solo.

Característica	Solo da superfície	Solo a um palmo e meio de profundidade
Cor		
Textura		
Tamanho dos grãos		
Umidade		

2. O que havia no solo que vocês observaram? De que ele era feito?

_____

_____

3. Havia diferenças entre o solo da superfície e o solo a um palmo e meio de profundidade? Quais?

_____

_____

81

CAPÍTULO 1 - A Terra

A frase "A Terra é azul" ficou famosa quando foi dita pelo astronauta russo Yuri Gagarin.

Em 1961, ele se tornou o primeiro ser humano a ver a Terra do espaço, a bordo da espaçonave Vostok I.

Observe a imagem da Terra vista do espaço, semelhante à imagem que Yuri Gagarin viu.

Yuri Gagarin usando traje espacial.

1. O que levou Yuri Gagarin a dizer que a Terra é azul, na sua opinião?

_____

_____

A Terra vista do espaço, em setembro de 2017.

Oceanos, continentes e atmosfera

O planeta Terra é formado por uma **parte sólida**, composta de rochas; uma **parte líquida**, composta da água dos lagos, rios, mares e oceanos; e outra **parte gasosa**, composta do ar que envolve todo o planeta.

O ar é formado por diferentes gases.

A água pode ser encontrada em lagos, rios, mares e oceanos.

As rochas sustentam as atividades humanas.

Representação sem escala para fins didáticos.

A maior parte da superfície terrestre é coberta por água salgada. Essa porção de água é chamada de **oceano**. É a água dos oceanos que faz o planeta parecer azul quando visto do espaço.

Os lagos, as lagoas, os rios, os mares e os oceanos compõem a água que cobre parte da superfície da Terra.

As terras que não estão cobertas por água formam os **continentes** e as **ilhas**. Elas são chamadas de terras emersas.

Existem seis continentes: África, América, Antártida, Ásia, Europa e Oceania.

Todo o planeta é envolto por uma camada de gases, a **atmosfera**. Entre os gases que compõem a atmosfera, o gás oxigênio e o gás carbônico são os mais importantes para a maioria dos seres vivos. Não conseguimos enxergar o ar, mas podemos sentir e perceber seus efeitos. Por exemplo, podemos perceber o vento, que é o ar em movimento.

2 Complete a cruzadinha.

1. Nome do planeta onde vivemos.
2. Com os lagos, rios e mares, formam a parte líquida do planeta Terra.
3. Compõem a parte sólida do planeta Terra.
4. Camada de gases que envolve o planeta.

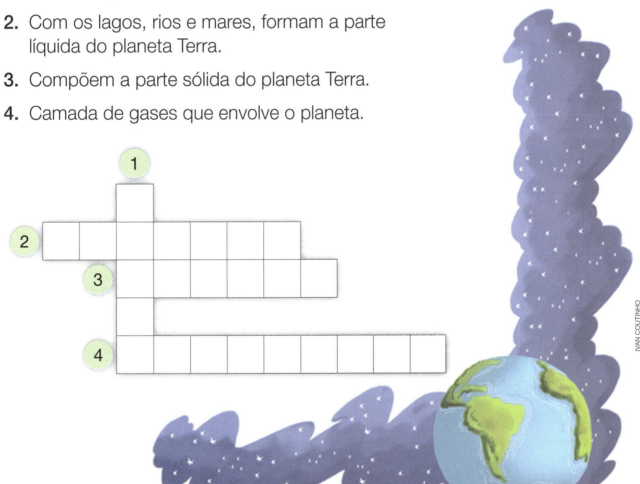

Representação artística. Cores-fantasia.

Representações do planeta Terra

O planeta Terra pode ser representado de várias maneiras. Os mapas, os globos terrestres e as imagens de satélites são exemplos de representações da superfície terrestre.

O **planisfério** é um **mapa** que representa toda a superfície da Terra. Nele, os mares e oceanos geralmente são representados em azul. Ilhas e continentes são representados por outras cores.

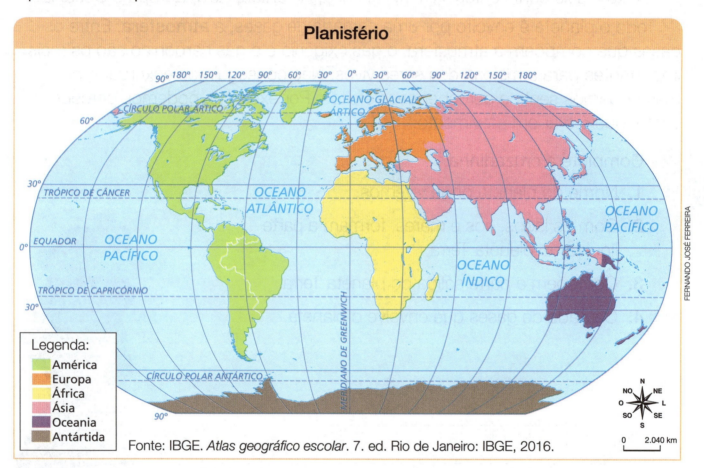

Fonte: IBGE. *Atlas geográfico escolar*. 7. ed. Rio de Janeiro: IBGE, 2016.

3) Complete o quadro com o nome dos oceanos que banham os continentes.

Continente	Oceanos
América	
Europa	
África	
Ásia	

O **globo terrestre** é a maneira de representar o planeta que mais se aproxima de sua forma real. Ele pode conter todas as informações presentes em um planisfério.

Para facilitar a localização de qualquer lugar da superfície do planeta, são traçadas linhas no globo e nos mapas: os **paralelos**, que são as linhas horizontais, e os **meridianos**, que são as linhas verticais. Os principais paralelos são: equador, trópico de capricórnio, trópico de câncer, círculo polar ártico e círculo polar antártico. O principal meridiano é o de Greenwich.

Linha do Equador.

Globo terrestre.

4) Observe a imagem a seguir e responda às questões.

a) Na imagem, o planeta Terra aparece representado de duas maneiras diferentes. Quais são essas maneiras?

_____

_____

b) Qual continente os alunos estão vendo no globo terrestre?

_____

As **fotografias aéreas** feitas por câmeras fotográficas presas a um avião, *drone* ou balão e as imagens de satélites artificiais fornecem diversas informações sobre a superfície terrestre, como a presença de matas, rios, lagos, construções e ruas. Essas imagens são usadas para a elaboração de diferentes tipos de mapas.

Fotografia aérea de parte do município de Belo Horizonte, no estado de Minas Gerais, 2014.

Mapa que representa a área mostrada na foto acima.

Satélites artificiais: equipamentos construídos pelo ser humano e lançados no espaço.

5. Marque um **X** nas características da Terra que podem ser observadas em cada forma de representação do planeta.

Característica	Imagem de satélite	Planisfério	Globo terrestre
Formato do planeta			
Presença de água			
Formato de continentes e ilhas			

6 Observe as imagens a seguir e responda às questões.

Parte do município do Rio de Janeiro

Imagem de satélite de parte do município do Rio de Janeiro, no estado do Rio de Janeiro, em 2017.

Mapa de parte do município do Rio de Janeiro, no estado do Rio de Janeiro, em 2017.

a) Quais elementos você consegue identificar na imagem de satélite?

_____

_____

b) O que representa a área verde no mapa?

_____

c) O que representa a área hachurada no mapa?

_____

d) Todos os elementos que você identificou na imagem de satélite aparecem no mapa? Explique.

_____

_____

_____

_____

87

7 Observe a imagem ao lado e responda às questões.

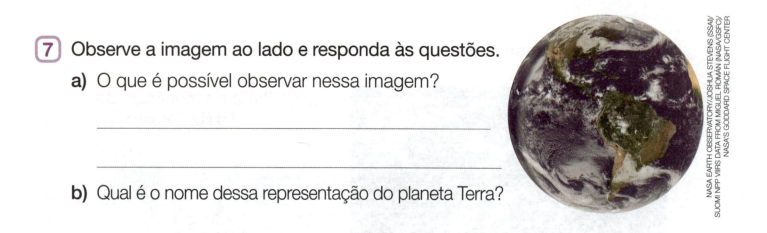

a) O que é possível observar nessa imagem?

_____

_____

b) Qual é o nome dessa representação do planeta Terra?

_____

8 Encontre as diferentes representações do planeta Terra na página 179 e cole corretamente nos espaços a seguir.

Mapa que representa toda a superfície do planeta.

Imagem tirada por satélite artificial.	Representação que mais se aproxima da forma real do planeta.

Álbum de Ciências — A Terra à noite

Em 2011, a Agência Espacial Americana (Nasa) lançou um satélite artificial no espaço capaz de capturar imagens da Terra à noite.

Em 2012, o primeiro resultado divulgado foi uma imagem criada pela composição de mais de 400 fotografias de satélites, tiradas ao longo de dois meses, que mostra a superfície da Terra à noite. Em 2016, foram divulgadas novas imagens, que podem ser atualizadas diariamente com o uso de novas tecnologias. Os pontos claros são as luzes das cidades.

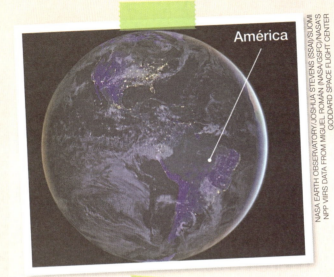

As fotografias noturnas dão aos pesquisadores diversas informações sobre a atmosfera, a superfície terrestre e as atividades humanas. Ao lado, imagens de satélite do globo terrestre mostrando a América e a África. Abaixo, composição de imagens de satélite formando um planisfério.

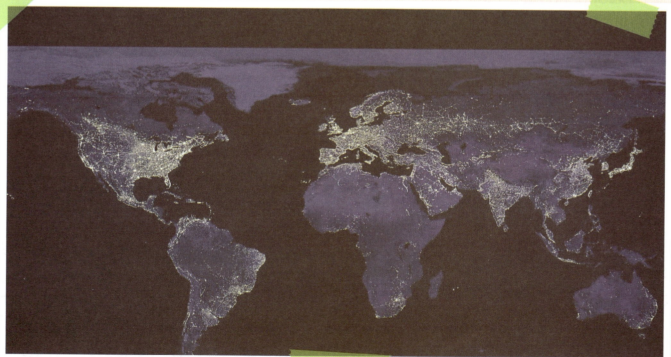

89

CAPÍTULO 2. A água no planeta

Como já vimos, a maior parte da superfície do planeta Terra é coberta por água. A maioria dessa água é salgada e está nos oceanos.

A água doce é encontrada em rios, lagos e geleiras. Também é encontrada no subsolo, em rochas subterrâneas que possuem pequenos espaços nos quais a água se acumula. Essas reservas são chamadas de **aquíferos**.

As nuvens que estão no ar também são formadas por minúsculas gotas de água.

Os seres humanos e muitos outros seres vivos dependem da água doce para sobreviver, pois não podem consumir água salgada.

Se toda a água do mundo coubesse em cem baldes, somente três teriam água doce. Os outros teriam água salgada.

Alguns rios formam quedas-d'água. Cachoeira no município de Brotas, no estado de São Paulo, em 2017.

Geleiras: locais onde a neve se acumula, formando grandes blocos de gelo.

Muitas pessoas vivem perto de rios e mares e tiram deles seu sustento. Na foto, povoado de Mandacaru, uma comunidade de pescadores, próxima à foz do Rio Preguiças, no município de Barreirinhas, Maranhão, 2017.

1 Pinte o diagrama de acordo com as informações estudadas na página anterior. Use as cores indicadas na legenda.

- Que tipo de água os seres humanos utilizam para beber?

_____

_____

A água disponível em rios, por exemplo, pode conter impurezas invisíveis a olho nu que podem prejudicar nossa saúde. Por isso, a água deve ser tratada antes de ser consumida.

A água apropriada para beber recebe o nome de água potável. Ela é incolor (não tem cor), inodora (não tem cheiro) e insípida (não tem sabor).

 2 Você beberia a água do rio da imagem abaixo? Explique.

 Espere! Examine com cuidado: é possível saber se a água que aparece na imagem é potável?

Rio Pratinha no município de Iraquara, no estado da Bahia, em 2016.

_____

_____

_____

_____

_____

91

Os estados físicos da água

Na natureza, a água pode ser encontrada em três estados físicos: sólido, líquido e gasoso.

- A água em estado **sólido** é encontrada no gelo e na neve, que se formam em lugares muito frios.
- A água em estado **líquido** é encontrada em rios, lagos, oceanos, aquíferos etc.
- A água em estado **gasoso** é chamada de vapor de água. O vapor de água é invisível.

A água que bebemos e que usamos para tomar banho e lavar a louça está no estado líquido.

O gelo, que se forma em lugares muito frios, é a água em estado sólido.

O vapor de água, presente no ar que respiramos, é a água no estado gasoso.

 3 Escreva um exemplo de onde podemos encontrar água em cada um dos estados físicos.

Estado físico	Exemplo
Sólido	
Líquido	
Gasoso	

 Aplique o que você já sabe para responder a essa questão. Pense em exemplos do seu cotidiano.

4 Indique em quais estados físicos a água se encontra na imagem.

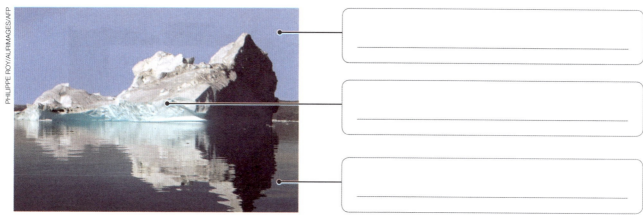

5 Observe a imagem, leia a legenda e responda às questões.

a) É comum encontrar neve no Brasil?

_____

_____

b) Qual é o estado físico da neve?

_____

Paisagem coberta por neve no município de São Joaquim, em Santa Catarina, em 2013.

6 Complete a cruzadinha.

1. Água no estado _____ se forma em lugares muito frios.

2. No estado _____, a água é encontrada em rios, lagos, oceanos etc.

3. No estado _____, a água é invisível.

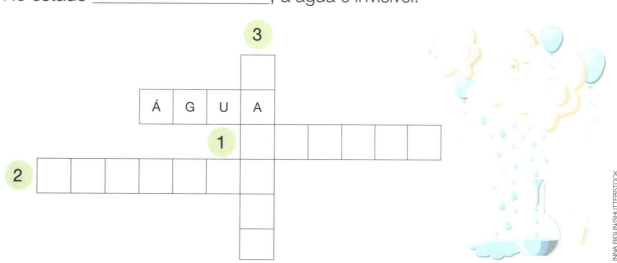

7 Escreva os estados físicos da água nos locais indicados.

Gelo sobre a vegetação: _____

Vapor de água na atmosfera: _____

Água do lago: _____

Campo coberto por geada no município de São Joaquim, em Santa Catarina, em 2019.

8 Observe a imagem e responda às questões.

Granizo.

a) Qual é o estado físico da água mostrado na imagem?

_____

b) O que pode acontecer com o granizo se a temperatura aumentar? Qual será o estado físico da água se isso acontecer?

_____

Álbum de Ciências — Rios brasileiros

No Brasil há milhares de rios espalhados por todos os estados e municípios. Estima-se que o país possui cerca de 12% de toda a água doce do planeta Terra. A água é fundamental para diversas atividades humanas, como agricultura, transporte, alimentação e geração de energia. Além disso, a água também é usada pelos outros seres vivos.

O Rio Amazonas é o maior rio em extensão e volume de água do Brasil. Ele corta a floresta Amazônica.

O Rio São Francisco passa por diversos municípios até desaguar no oceano. Fotografia do município de Abaré, na Bahia, em 2018.

Cachoeira Rei no Rio da Prata, no município de Cavalcante, em Goiás, em 2016. A água é cristalina em razão do calcário.

O mundo que queremos

A água é um direito de todos

O acesso à água é um direito humano. A água é essencial para a sobrevivência das pessoas e permite que elas cuidem de sua higiene e permaneçam saudáveis.

Todas as crianças e adultos têm direito à água

1. Todas as pessoas devem ter água suficiente para uso pessoal e doméstico. Calcula-se que cada pessoa precise de 50 a 100 litros de água por dia.

2. A água deve estar acessível nas casas das pessoas ou em locais próximos.

3. A água não pode estar contaminada por lixo, microrganismos maléficos, produtos químicos ou outras substâncias que possam prejudicar a saúde das pessoas.

4. A água deve estar disponível em qualquer circunstância: durante secas, alagamentos, desastres naturais etc.

ILUSTRAÇÕES: DAYANE RAVEN

Apesar de ser um direito de todos, há diversos locais onde há pouca água disponível ou ela não é adequada para o consumo humano.

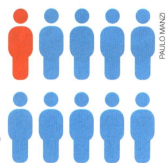

Uma em cada dez pessoas no mundo não tem acesso à água potável.

Compreenda a leitura

1 De acordo com o texto, todas as pessoas conseguem obter água com a mesma facilidade? Por quê?

_____

_____

2 Observe na página anterior os itens sobre o direito à água. Identifique quais deles não estão sendo garantidos nas situações a seguir.

a) No ano de 2014, uma grande crise hídrica atingiu a Região Sudeste do Brasil, deixando parte da população sem água suficiente para uso pessoal e doméstico.

_____

b) As águas do Rio Doce ficaram contaminadas após o rompimento de uma barragem em Minas Gerais em 2016. O consumo dessa água pode causar problemas à saúde, especialmente das crianças.

_____

Vamos fazer

3 Que tal pedir aos governantes que garantam o direito à água para todos os cidadãos?

- Pesquisem se na cidade, no estado ou no país onde vocês vivem há pessoas que não têm acesso à água. Pensem em soluções para esse problema.
- Com a ajuda do professor, elaborem uma carta ou um *e-mail* pedindo aos governantes que deem atenção ao problema e criem projetos para fornecer água para todos.

Antes de elaborar a carta ou *e-mail* reflitam e **organizem os pensamentos**. Faça uma **seleção** com as principais ideias e escrevam sobre elas. Capriche na hora de escrever!

CAPÍTULO 3 — As rochas e o solo

Os continentes e as ilhas se formam sobre as **rochas**. As pessoas retiram rochas da natureza para obter diferentes **materiais**.

1. Que objetos de seu dia a dia são feitos de materiais retirados de rochas?

_____
_____
_____
_____

As rochas podem ser utilizadas para construir muros de contenção, para evitar deslizamentos de terra.

Podemos encontrar rochas em muitos lugares. Rochas grandes formam montanhas e morros. Fragmentos pequenos de rocha formam a areia e o cascalho dos rios, por exemplo.

As rochas são formadas por diversos tipos de **minerais**.

Cada mineral tem uma característica. Por isso, rochas compostas de minerais diferentes têm características diferentes.

A extração de rochas e minerais da natureza é chamada **mineração**.

O granito é uma rocha formada por três minerais diferentes.

O quartzo é uma rocha formada por um único mineral.

A pirita é um mineral com brilho metálico.

O diamante é o mineral natural mais duro que existe.

2 Observe as fotos, leia as legendas e responda às questões.

A ardósia é uma rocha dura, muito usada no revestimento de pisos.

A pedra-sabão é uma rocha que se desgasta com facilidade e é muito utilizada em esculturas.

a) Por que essas rochas apresentam características diferentes?

_____

_____

b) A pedra-sabão poderia ser usada para revestimento de pisos?

_____

_____

> **Aplique o que você já sabe** sobre as características dos materiais para responder a essa questão.

3 Classifique cada frase em verdadeira V ou falsa F .

☐ A superfície sólida da Terra é formada por rochas.

☐ Pequenos fragmentos de rochas formam a areia e o cascalho de rios.

☐ O granito é formado por apenas um tipo de mineral.

☐ Os minerais possuem as mesmas características.

- Reescreva as frases falsas, corrigindo-as.

_____

_____

_____

_____

99

Formação do solo

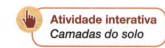

As rochas geralmente são cobertas por uma mistura de restos de seres vivos, fragmentos de rochas, ar e água. Essa mistura é o que chamamos de **solo**.

Ao observar um solo, pode-se ter a impressão de que ele sempre foi da mesma forma. Porém, o solo leva muitos anos para se formar e está sempre mudando. Existem muitos tipos de solo e cada um apresenta características próprias, que dependem das rochas que deram origem a ele.

A **formação do solo** é um processo lento de transformação das rochas e depende de muitos fatores.

Processo de formação do solo

① A rocha fica exposta à ação do Sol, da chuva, do vento e das mudanças de temperatura. Ao longo de muitos anos, essa ação começa a criar rachaduras e a fragmentar a rocha.

② O ambiente criado pelos fragmentos de rocha, bem como o ar e a água acumulados entre esses fragmentos, permite a vida de plantas e pequenos animais. Isso degrada ainda mais a rocha. Restos desses seres vivos se acumulam em camadas, formando a **matéria orgânica** do solo.

③ Com o tempo, as rachaduras e os fragmentos formados permitem que a água entre em camadas mais profundas da rocha, carregando a matéria orgânica. Isso aumenta também a profundidade do solo. Cada camada do solo tem características diferentes. Quanto mais próximo da superfície, mais matéria orgânica terá.

Degradar: alterar a rocha, deixando-a quebradiça.

4. O solo, em geral, apresenta algumas camadas. A camada mais superficial contém mais matéria orgânica.

- Por que isso acontece?

_____
_____
_____
_____

5. Observe a sequência de imagens e responda às questões.

 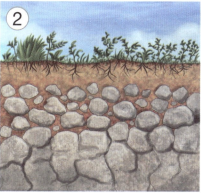 

Os elementos dessas imagens não estão na mesma proporção. Cores-fantasia.

a) Que fatores podem ter contribuído para a formação do solo mostrado nas imagens?

_____
_____

b) Além de fragmentos de rocha, o que mais pode ser encontrado no solo?

_____
_____

c) Você poderia observar a formação do solo representada nas imagens? Por quê?

Importância das rochas

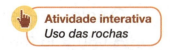
Atividade interativa
Uso das rochas

Os minerais e as rochas têm grande importância no dia a dia. Eles são retirados do seu local de origem para a produção de diferentes materiais, que podem ser usados de muitas formas:

- para fazer calçamentos de ruas;
- para ser transformados em material de construção, como cimento e vidro;
- para ser transformados em metais, como ferro e alumínio.

No município de Poções, na Bahia, as rochas são usadas para fazer o calçamento das ruas.

O vidro é feito com alguns minerais, como areia e calcário.

A bauxita é uma rocha usada na fabricação do alumínio.

6 Cite dois usos das rochas.

_____

_____

_____

7 Qual é a importância dos minerais e das rochas?

_____

_____

_____

_____

8 A fotografia ao lado mostra a extração de minério de ferro.

Extração de ferro no município de Itabira, Minas Gerais, em 2012.

a) Que alterações foram feitas nesse ambiente para retirar minerais e rochas?

_____

_____

b) Você acha que essa atividade pode trazer problemas ao ambiente? Quais?

_____

_____

_____

_____

Reflita sobre como o consumo excessivo de bens e produtos pode influenciar na extração de minerais e rochas.

9 Que materiais se originam de rochas e minerais na imagem ao lado?

_____

_____

_____

Importância do solo

O solo é muito importante para os seres humanos. Nele, o ser humano cultiva alimentos, cria animais e constrói moradias. É também do solo que são retirados os minerais.

Algumas técnicas de agricultura usam fertilizantes químicos e agrotóxicos para aumentar a produtividade. Quando não são usadas de maneira adequada, essas substâncias podem contaminar o solo e prejudicar os seres que vivem naquele ambiente.

> **Fertilizantes químicos:** produtos industrializados que favorecem o desenvolvimento de plantas.
>
> **Agrotóxicos:** produtos industrializados usados para combater plantas ou animais indesejados em uma plantação.

O solo é essencial para o cultivo de alimentos. Sistema agroflorestal de cultivo de plantas alimentares no município de Pindamonhangaba, São Paulo, 2016.

A argila do solo pode ser utilizada na composição de paredes, telhas e tijolos. Na fotografia, casa com paredes feitas utilizando argila e cascalho, por meio de uma técnica denominada taipa de pilão.

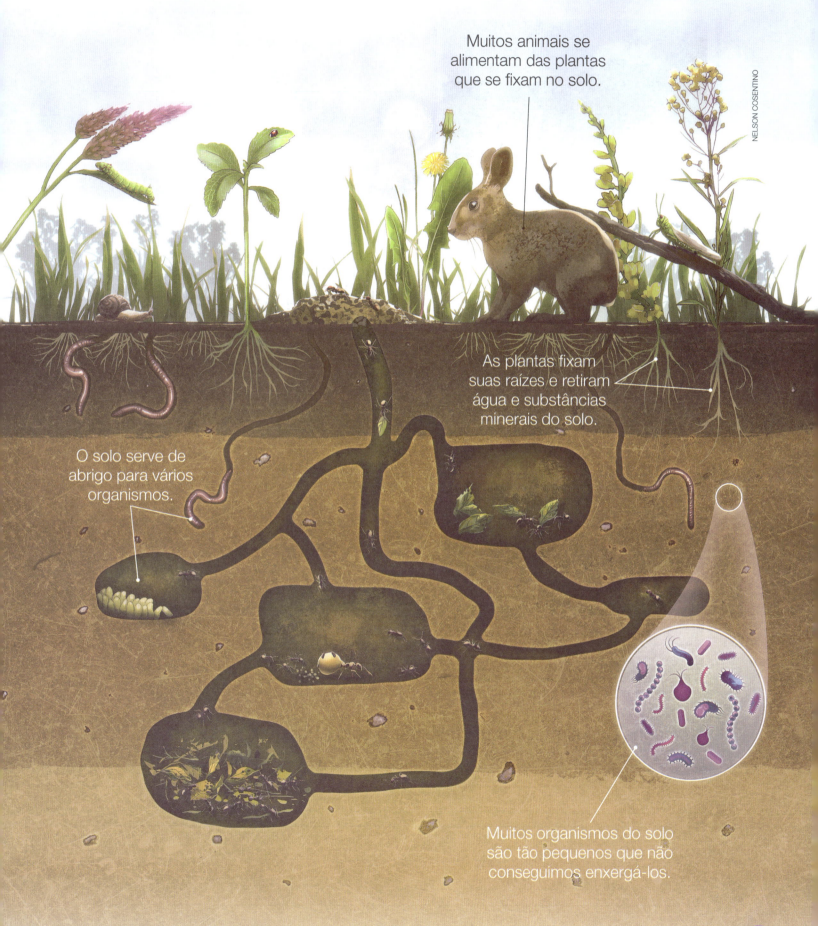

105

10 Qual é a importância do solo em cada situação?

11 Você acha que é importante preservar o solo? Por quê?

Álbum de Ciências — Conservação do solo

As rochas e o solo levam milhares de anos para se formar. Por isso, é necessário **conservar** esses recursos naturais, usar técnicas sustentáveis de plantio e criação de animais, evitando o desgaste. É importante também consumir conscientemente produtos provenientes deles.

A extração de rochas modifica intensamente um ambiente que levou milhares de anos para se formar. Na fotografia, pedreira em São Paulo, em 2014.

Os sistemas agroflorestais ajudam a recuperar o solo degradado. Plantação de cacau em meio a seringueiras, no município de Una, na Bahia, em 2013.

Para ler e escrever melhor

O texto apresenta o **problema** dos deslizamentos de terra e algumas **soluções** para combatê-lo.

Medidas que ajudam a evitar deslizamentos de terra

Na época de chuvas, é comum ver nos jornais notícias de **deslizamentos de terra** nas margens de rodovias e rios ou até em morros onde moram muitas pessoas.

Existem algumas medidas que podem ajudar a **reduzir esse problema**. Uma delas é o plantio de vegetação nas encostas de morros, especialmente nas margens de estradas.

Em terrenos muito inclinados, também podem ser feitas curvas de nível, que são pequenos recortes na encosta do morro parecidos com degraus de uma escada. Esse relevo ajuda a diminuir a velocidade da água.

Resolver a questão da ocupação desordenada de morros é uma tarefa mais complicada, pois muitas pessoas não têm acesso à moradia em locais seguros.

Queda de barreira em estrada próxima ao município de Arapongas, no estado do Paraná, em 2016.

Analise

1 Qual é o problema relatado no texto?

_____

2 Qual medida apresentada para reduzir o problema é mais complicada? Por quê?

_____

_____

Organize

3 Complete o esquema com as informações do texto.

Problema	Soluções
_____ _____ _____ _____	_____ _____ _____ _____

> Ao escrever o texto, **pense em outras soluções** além das já propostas. Será que há só uma forma de resolver esse problema?

Escreva

4 Com base nas informações abaixo, escreva um texto no caderno que apresente o problema e aponte as soluções.

Problema	Soluções
As plantas não crescem, pois o solo está muito "pobre" e compactado.	Adicionar adubo à terra da horta. Colocar minhocas na terra.

109

1. Associe os tipos de representação da Terra à característica de cada um.

A. Globo terrestre.

B. Planisfério.

☐ Permite ver toda a superfície terrestre ao mesmo tempo.

☐ Representa melhor o formato real do planeta.

2. Leia a frase a seguir e faça a correção necessária.

> A maior parte da superfície terrestre é coberta por água doce.

_____

_____

3. Pinte o planisfério abaixo de acordo com a legenda.

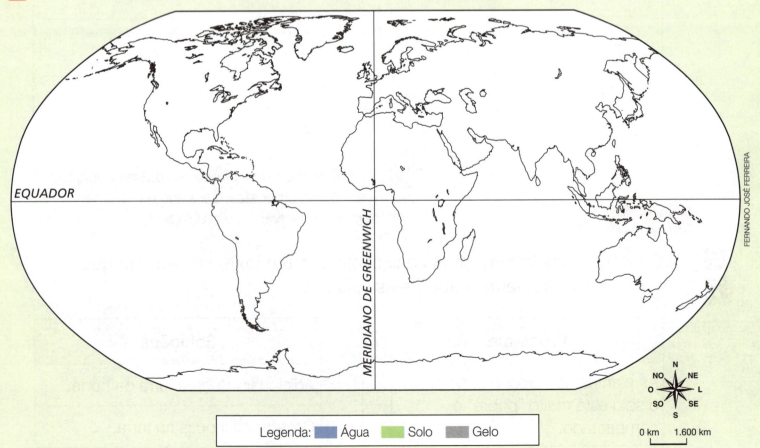

4 Complete a cruzadinha com os tipos de representação da Terra.

a) Representação do planeta Terra que mais se aproxima do real.

b) Equipamento construído pelo ser humano que envia imagens da Terra vista do espaço.

c) Fotografias tiradas do planeta Terra de um avião ou *drone*.

d) Representa os continentes, os oceanos e as linhas imaginárias da Terra.

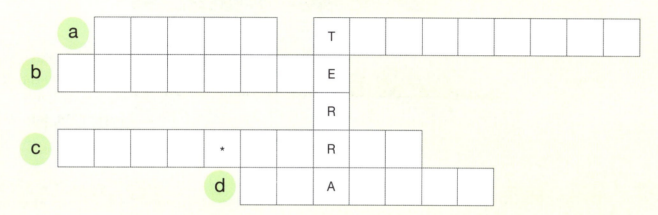

5 Observe a imagem a seguir e responda.

- Como você responderia à dúvida de Isabel?

_____

_____

_____

O QUE VOCÊ APRENDEU

6 Na foto, onde é possível ver água:

Glaciar Perito Moreno, na província de Santa Cruz, Argentina, em 2014.

a) no estado sólido? _____

b) no estado líquido? _____

- Existe água no estado gasoso nesse ambiente? Explique.

_____
_____

7 Observe a foto e responda à questão.

- Como as plantas conseguem se manter sobre a rocha, se elas precisam de solo?

_____
_____
_____
_____
_____
_____

Pedra da Galinha Choca, no município de Quixadá, Ceará, em 2011.

112

8 Complete o esquema com as palavras do quadro.

> seres vivos   rochas   matéria orgânica

Solo

- É formado pela degradação das _____.
- Contém restos de seres vivos, que formam a _____.
- Serve de abrigo para muitos _____.

9 Leia o texto e responda às questões.

Muito mais que isca

A minhoca contribui de várias maneiras para melhorar as propriedades do solo. Para começar, os buracos que ela faz na terra ajudam a arejá-la e permitem que a água circule melhor por ali. Além disso, o seu cocô é cheio de nutrientes que enriquecem o solo. Tudo isso é bom para as plantas, que retiram da terra a água e os nutrientes de que precisam para crescer.

MOLICA, J. Muito mais do que isca. *Ciência Hoje das Crianças* On-line, Rio de Janeiro: Instituto Ciência Hoje, abr. 2006. Disponível em: <http://mod.lk/mutiscas>. Acesso em: 23 maio 2018.

a) Chamamos de solos férteis aqueles que contêm água, nutrientes e gás oxigênio em quantidades adequadas para as plantas. Como as minhocas contribuem para tornar o solo mais fértil?

_____

_____

_____

b) No texto são citados alguns elementos que fazem parte do solo. Quais são eles?

_____

_____

113

UNIDADE

4 O que vemos no céu?

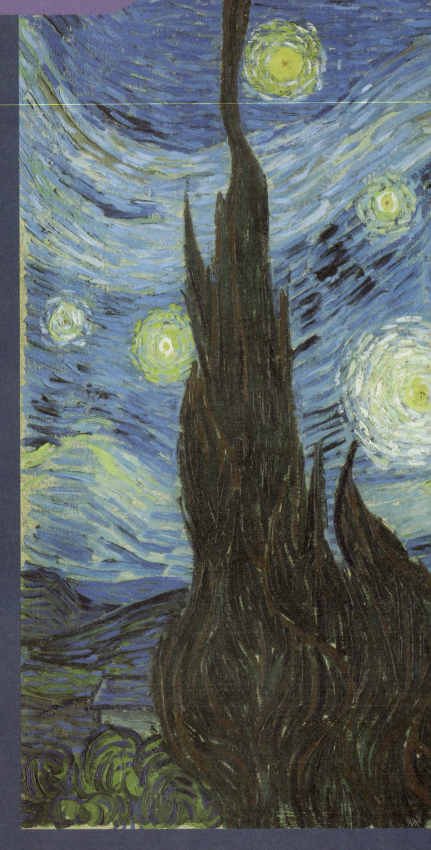

Pesquisadores analisaram o quadro *Noite estrelada* e descobriram que o céu pintado corresponde ao céu que o artista podia ver no local onde morava.

Vamos conversar

1. O que você acha que são os elementos que o artista pintou no céu?
2. Você já observou o céu à noite? O que você conseguiu enxergar?
3. Você acha que observar a Lua ou as estrelas pode ter alguma utilidade? Explique.

Noite estrelada, de Vincent van Gogh. Óleo sobre tela, 1889. Museu de Arte Moderna, Nova York, EUA. Dimensões: 74 centímetros × 92 centímetros.

114

Investigar o assunto

Hábito de observar o céu

Você tem o hábito de observar o céu? E as pessoas ao seu redor, será que elas têm esse hábito?

O que você vai fazer

Entrevistar algumas pessoas para descobrir se elas têm o hábito de observar o céu.

Como você vai fazer

1. Leia as perguntas do questionário. Caso tenha ficado com dúvida em alguma delas, converse com o professor para esclarecê-la.

 Seja cordial no momento de realizar a entrevista. Ouça o entrevistado com **respeito e atenção**. Anote as respostas de acordo com o que foi dito por ele.

Nome do entrevistado: _____

Pergunta 1: Você costuma observar o céu?

☐ Sim   ☐ Não

Pergunta 2: Você já viu a Lua no céu durante o dia?

☐ Sim   ☐ Não

Pergunta 3: Você já viu noites sem Lua?

☐ Sim   ☐ Não

Pergunta 4: O que você já enxergou no céu durante a noite?

☐ Estrelas   ☐ Planetas   ☐ Sol   ☐ Lua

2. Escolha um adulto e pergunte se pode entrevistá-lo.

3. Faça as perguntas e anote as respostas no questionário.

4. Mostre a ficha com as respostas para os colegas e veja as respostas das entrevistas que eles fizeram.

5. Com a ajuda do professor, somem as respostas de todas as entrevistas e preencham a ficha abaixo.

Pergunta	Total de respostas			
1		Sim		Não
2		Sim		Não
3		Sim		Não
4		Estrelas		Lua
		Planetas		Sol

Para você responder

1. A maioria dos entrevistados tem o hábito de observar o céu?

2. A maioria dos entrevistados já viu a Lua durante o dia?

3. Quais são os dois elementos que os entrevistados mais observaram no céu noturno?

4. Depois de analisar os resultados das entrevistas, você acha que as pessoas olham com atenção para o céu? Por quê?

CAPÍTULO 1. Observando o céu de dia

Olhando para o céu durante o dia, podemos ver:

- diversos seres vivos, como aves e insetos;
- objetos construídos pelos seres humanos, como aviões e balões de ar quente;
- fenômenos naturais, como nuvens, raios, chuva e arco-íris;
- astros, como o Sol, a Lua e alguns planetas, que são elementos que estão fora da Terra.

Os seres vivos, os aviões e os balões, as nuvens e os arco-íris, por mais longe que pareçam estar, localizam-se no planeta Terra.

O principal astro presente no céu durante o dia é o **Sol**, que é uma **estrela**. As estrelas são astros que emitem uma grande quantidade de luz. Por isso, são consideradas **astros luminosos**.

O Sol é a estrela mais próxima do planeta Terra. Ele aquece e ilumina nosso planeta. Município de Cambará do Sul, no Rio Grande do Sul, em 2016.

1. Qual é o nome da estrela que podemos observar durante o dia?

___

2. O que são astros luminosos?

___

___

A luz do Sol ilumina a Terra. Ela é essencial para os seres vivos. As plantas necessitam da luz do Sol para produzir o próprio alimento. As plantas servem de alimento para muitos animais, que, por sua vez, servem de alimentos para outros animais.

A luz solar é fundamental para o desenvolvimento das plantas.

O beija-flor se alimenta do néctar produzido pelas plantas.

Comprimento: 9 centímentros.

3. Reescreva as frases substituindo os símbolos por palavras.

a) O 🌞 é a ⭐ que ilumina o 🌍.

___

b) As 🌱 necessitam da luz do 🌞 para se desenvolver.

___

119

4 Faça um desenho em que o astro luminoso que vemos no céu durante o dia esteja presente.

- Depois, escreva uma legenda explicativa para o seu desenho.

Cuidados ao olhar para o céu durante o dia

Não devemos olhar para o Sol diretamente, sem usar proteção adequada. A luz solar pode machucar os olhos e até causar cegueira.

Os óculos escuros comuns não permitem olhar diretamente para o Sol. Outros objetos que também não devem ser utilizados são os negativos fotográficos e as radiografias.

Existem métodos de observação indiretos, considerados mais seguros, que nos permitem ver o Sol sem olhar diretamente para ele.

Um dos métodos utiliza o reflexo da luz solar. Um espelho é posicionado para que reflita a luz do Sol em uma parede ou superfície branca. Na superfície branca, será formada a imagem do Sol.

Apenas os adultos devem segurar o espelho para fazer a reflexão. Os demais que vão observar devem se posicionar atrás da pessoa que está segurando o espelho. Ninguém deve olhar diretamente para o espelho.

A Lua de dia

A **Lua** é um astro que orbita a Terra, isto é, ela gira ao redor do nosso planeta. Por isso, ela é chamada de **satélite natural**. A Lua é o astro mais próximo da Terra. Ela brilha no céu porque reflete a luz do Sol. Por isso, dizemos que a Lua é um **astro iluminado**.

Em alguns períodos do mês, é possível enxergar a Lua durante o dia. Ela está continuamente presente no céu, tanto de dia quanto à noite. Como a Lua não tem luz própria, só é possível observá-la quando ela reflete a luz do Sol na direção da Terra.

A Lua é o único satélite natural da Terra. Lua vista de dia no município do Rio de Janeiro, Rio de Janeiro, 2016.

5 Complete as frases com as palavras do quadro.

> Sol   Lua   Terra

a) O planeta em que moramos é chamado _____.

b) O _____ é a estrela mais próxima da Terra.

c) Em certas épocas, a _____ pode ser vista no céu durante o dia.

6 O que são astros iluminados? Dê um exemplo.

_____

_____

Observando planetas durante o dia

Em certas épocas do ano, também é possível observar alguns **planetas** no céu. Os planetas são corpos celestes que estão no Universo e não têm luz própria. Um exemplo de planeta que podemos observar é Vênus. Ele pode ser visto somente nos períodos próximos ao nascer ou ao pôr do Sol. A olho nu, isto é, sem a ajuda de instrumentos, ele se parece com uma estrela, porém é mais brilhante.

A seta indica o planeta Vênus durante o amanhecer. Os demais pontos brilhantes que aparecem no céu são estrelas. Por se parecer com uma estrela, Vênus é popularmente chamado de estrela-d'alva ou estrela da manhã. Fotografia tirada no Canadá, em 2016.

7. Faça um **X** nos astros que podem ser vistos no céu durante o dia.

☐ Lua   ☐ Arco-íris   ☐ Planeta Terra

☐ Sol   ☐ Nuvens   ☐ Planeta Vênus

☐ Chuva   ☐ Aves   ☐ Avião

8. Você já observou algum planeta no céu ao amanhecer ou ao anoitecer? Explique como foi.

_____

_____

Álbum de ciências — Arco-íris

A luz branca pode ser separada em cores. Em 1672, o cientista inglês Isaac Newton fez experimentos utilizando um objeto transparente chamado prisma. Ele verificou que a luz branca emitida pelo Sol é composta de sete cores: vermelho, laranja, amarelo, verde, azul-claro, azul-anil e violeta. Essas são as cores que formam o arco-íris.

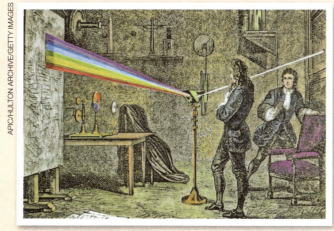

Representação de experimento feito por Newton: a luz branca do Sol atinge o prisma e é decomposta em sete cores. Gravura colorizada.

O prisma é um objeto transparente, de forma triangular, de vidro ou de cristal, que tem a propriedade de decompor a luz branca no espectro das sete cores.

Em um dia de chuva, as gotas de água funcionam como prismas, separando as cores da luz do Sol. Com isso, só podemos ver arco-íris no céu quando há luz solar e chuva.

As gotas de água funcionam como prisma e decompõem a luz do Sol, formando o arco-íris.

123

CAPÍTULO 2 — Observando o céu à noite

Corpos celestes: o mesmo que astros.
Orbitar: girar em torno de um astro.

Ao anoitecer, vemos **corpos celestes** que variam em cor, brilho e tamanho. Ainda podemos ver fenômenos naturais, objetos construídos e alguns seres vivos, como os vaga-lumes.

A Lua é o astro mais visível no céu noturno, mas ela não emite luz própria. Em algumas épocas do mês, não é possível enxergar a Lua à noite.

As estrelas estão muito distantes da Terra. Algumas delas são menores que o Sol e outras são bem maiores.

Por causa da enorme distância que estão do nosso planeta, todas as estrelas aparecem como pontos de luz.

Entre os objetos construídos pelos seres humanos que podemos observar estão os satélites artificiais. Eles são lançados ao espaço e podem **orbitar** em torno da Terra.

124

Para observar melhor os astros que estão muito distantes, podemos usar equipamentos que aumentam a imagem deles.

Há cerca de 400 anos, foram desenvolvidos os primeiros telescópios e lunetas, que permitiram observar com mais detalhes alguns astros.

Com o passar do tempo, os instrumentos de observação do céu foram sendo aperfeiçoados, e a ciência que estuda os astros, a **Astronomia**, foi se desenvolvendo.

O telescópio é usado para observar o céu.

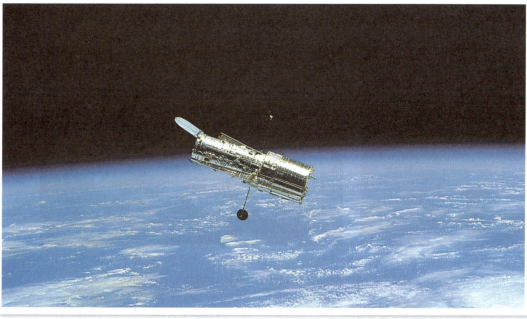

O telescópio Hubble registra imagens e informações do planeta Terra diretamente do espaço.

1. Complete a cruzadinha.

   1. Único satélite natural do planeta Terra.

   2. Pontos luminosos no céu noturno.

   3. Equipamento usado para observar o céu.

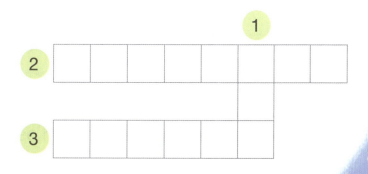

Observando planetas no céu noturno

Alguns planetas também podem ser vistos a olho nu no céu noturno, em certas épocas do ano. Encontrar um planeta no céu à noite exige um pouco de prática, e o ideal é fazer isso em um local bem escuro.

A olho nu, os planetas são pontos luminosos parecidos com as estrelas. Uma diferença é que o brilho dos planetas é fixo, enquanto o das estrelas é cintilante, isto é, fica oscilando. Os planetas são **astros iluminados**, assim como a Lua.

Uma pessoa que vive em uma grande cidade geralmente consegue observar menos astros no céu noturno que uma pessoa que vive em uma área mais isolada. Isso acontece porque a **iluminação artificial** da cidade e a **poluição do ar** tornam mais difícil a visualização dos astros.

O céu noturno em uma cidade grande. Município de São Paulo, São Paulo, 2015.

O céu noturno em uma área mais isolada. Município de Boqueirão, Paraíba, 2015.

2 Leia a frase a seguir e responda.

> Durante a noite, só podemos enxergar no céu os astros luminosos, isto é, aqueles que emitem luz.

- Você concorda com essa afirmação? Por quê?

_____

_____

_____

3 No local em que você vive, a iluminação artificial e a poluição do ar dificultam a observação do céu? Converse sobre isso com os colegas e o professor.

4. Observe a imagem e responda.

Na imagem, é possível observar o planeta Vênus e a Lua.

- A Lua e o planeta Vênus são os astros que podemos enxergar no céu noturno, porém eles não emitem luz. Explique como podemos enxergá-los.

_____
_____
_____
_____

5. Ao observar o céu noturno, podemos notar a diferença entre as estrelas e os planetas que podem ser vistos a olho nu.

- Qual é essa diferença?

_____
_____
_____

6. Observe as imagens.

- Em qual das imagens é possível observar mais astros? Por quê?

_____
_____
_____

Outros planetas

Com o desenvolvimento dos instrumentos de observação do céu, os cientistas puderam conhecer outros planetas que não são possíveis de enxergar a olho nu e que estão a milhões de quilômetros de distância da Terra.

Observe a seguir o Sol e os planetas que formam o Sistema Solar.

Sol

Terra: é o único planeta conhecido com a existência de seres vivos.

Júpiter: é o maior planeta conhecido e possui 79 satélites naturais orbitando ao seu redor.

Mercúrio: é o planeta mais próximo do Sol e tem muitas crateras em sua superfície.

Marte: conhecido como "planeta vermelho", cientistas já descobriram evidências de que houve água em sua superfície no passado.

Vênus: é o planeta mais quente, sua atmosfera é constituída principalmente por gás carbônico.

Saturno: é o segundo maior planeta e é conhecido pelos anéis ao seu redor.

Netuno: é o planeta mais distante do Sol; cientistas já observaram furacões em sua atmosfera.

Urano: foi o primeiro planeta descoberto por meio de um telescópio, em 1781.

O tamanho dos corpos celestes e a distância entre eles não estão representados em proporção. Cores-fantasia.

Para ler e escrever melhor

> O texto **compara** as características dos meteoroides, asteroides e cometas.

O que é isso no céu?

À noite, às vezes podemos ver algo brilhante passando rapidamente pelo céu. Geralmente, essas luzes são **meteoros**: fenômenos luminosos causados pela queima de objetos sólidos, como meteoroides ou asteroides, ao entrarem na atmosfera da Terra. Meteoros são comumente conhecidos como estrelas cadentes. Mas o que é um meteoroide? E um asteroide? E o que seria um cometa?

Os meteoroides e os asteroides são corpos sólidos que podem ser formados por rochas ou por metais e orbitam o Sol. Esses objetos podem cair na Terra ao cruzarem seu caminho no Sistema Solar.

Os **meteoroides** são considerados pequenos, podem ter entre o tamanho de um grão de areia e até um metro de comprimento. Ao entrarem na atmosfera da Terra, na maioria das vezes, acabam se desfazendo devido ao aquecimento causado pela sua alta velocidade e pelo atrito com a própria atmosfera.

Os **asteroides** são corpos grandes e sólidos que possuem formatos irregulares e são menores que os planetas. Eles variam em tamanho, podendo apresentar desde um metro de comprimento até centenas de quilômetros. Ao entrarem na atmosfera da Terra eles podem se fragmentar ou cair inteiros na superfície do planeta, podendo causar estragos em ambas as situações.

Quando um meteoroide ou um asteroide cai na superfície da Terra, passa a ser chamado de **meteorito**.

Os **cometas** são grandes blocos de gelo, poeira, gases e rochas que viajam pelo Sistema Solar orbitando o Sol. Quando um cometa se aproxima do Sol, parte dele se torna gasosa e se espalha, formando uma nuvem chamada **coma**. A coma deixa um rastro que recebe o nome de **cauda**. A parte que continua sólida é chamada de **núcleo**. A coma e a cauda juntas podem se estender por milhões de quilômetros, podendo ser vistas aqui da Terra.

Cometa McNaught, visto do Observatório Paranal, no Chile, em 2007.

Analise

1) Qual é a diferença entre um meteoroide e um asteroide?

_____

_____

2) Quais características dos astros foram tratadas no texto?

☐ Cor ☐ Composição ☐ Tamanho

Organize

3) Complete as frases a seguir com as informações do texto.

a) Os asteroides e os meteoroides são formados por _____
_____ .

b) Os cometas são compostos por _____
_____ .

c) Quando um cometa se aproxima do Sol, parte dele evapora e forma a _____ , que deixa um rastro chamado de _____ . A parte do cometa que continua sólida é chamada de _____ .

Escreva

Seja criativo ao elaborar o seu texto. Procure outras informações sobre meteoroides e satélites artificiais para complementar a atividade.

4) Veja o esquema comparativo entre meteoroides e satélites artificiais. Depois, faça um texto comparando os dois.

| Meteoroide | — | Objeto natural. | — | Orbita o Sol. |

| Satélite artificial | — | Construído pelo ser humano. | — | Orbita a Terra. |

131

Os dias e as noites

O fim da noite e o início do dia ocorrem quando o Sol começa a aparecer na **linha do horizonte**. O fim do dia e o início da noite acontecem quando o Sol desaparece na linha do horizonte.

Linha do horizonte é a linha aparente que divide o céu e a terra ou o mar, em locais abertos e planos.

 1 Na imagem abaixo, circule a linha do horizonte.

Cores-fantasia.

- Se essa imagem representasse o amanhecer, em que direção o Sol iria seguir? Desenhe uma seta na figura.

132

A Terra gira em torno de si mesma. À medida que ela gira, a posição do Sol no céu vai mudando. Observe o desenho a seguir.

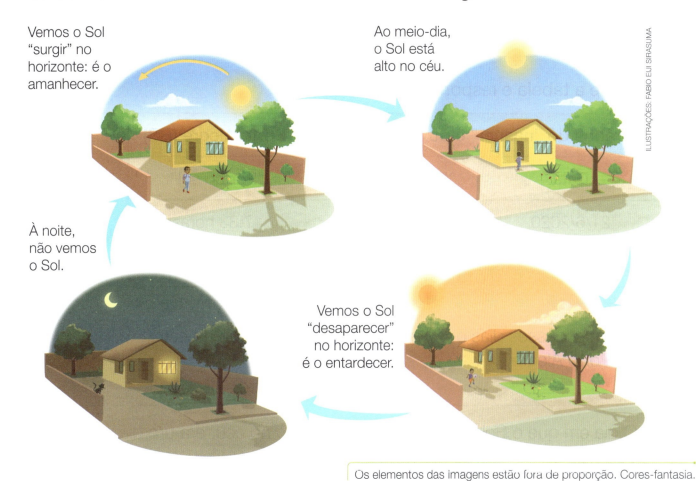

Vemos o Sol "surgir" no horizonte: é o amanhecer.

Ao meio-dia, o Sol está alto no céu.

Vemos o Sol "desaparecer" no horizonte: é o entardecer.

À noite, não vemos o Sol.

Os elementos das imagens estão fora de proporção. Cores-fantasia.

Os dias e as noites existem porque o Sol ilumina apenas uma parte da Terra de cada vez. Na parte iluminada pelo Sol, é dia. Na parte não iluminada, é noite.

Um dia dura 24 horas. Esse é o tempo que a Terra leva para dar uma volta completa ao redor de si mesma.

Os horários em que o Sol "nasce" e se "põe" variam ao longo do ano. No verão, a duração das noites é menor que no inverno.

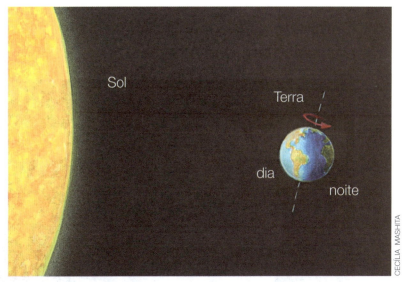

Como a Terra gira ao redor de si mesma, as regiões iluminadas mudam ao longo do dia. Na região clara, é dia. Na região escura, é noite.

Os elementos da imagem estão fora de proporção. Cores-fantasia.

133

2 O que é a linha do horizonte?

_____

_____

3 Observe a tabela e responda às questões.

Horários do "nascer" e do "pôr do sol" em Porto Alegre (RS)		
Data	"Nascer do sol"	"Pôr do sol"
21/6/2020	07:20 horas	17:33 horas
21/12/2020	05:21 horas	19:25 horas

Fonte: Sistema Meteorológico do Paraná (Simepar).

a) Em qual desses dias o Sol permaneceu mais tempo no céu de Porto Alegre?

_____

b) O dia em que o Sol permaneceu mais tempo no céu, era um dia de verão ou de inverno?

_____

4 Complete as lacunas indicando a região do planeta em que é dia e a região em que é noite.

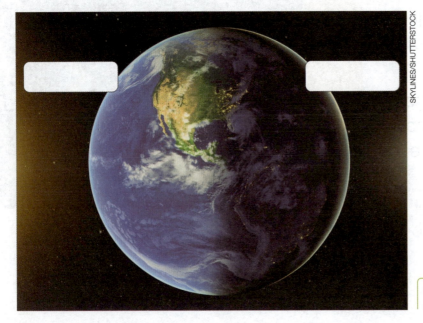

Os elementos da imagem estão fora de proporção. Cores-fantasia.

134

Álbum de ciências   O dia e a noite nas obras de arte

O céu sempre despertou a curiosidade das pessoas e a sua beleza já inspirou muitos artistas. Observe a representação do dia, da noite e de alguns astros nas obras de arte.

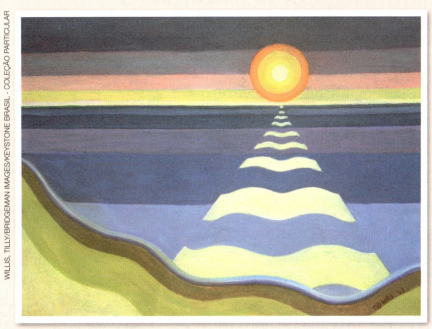

A artista Tilly Willis pintou a obra *Sol da tarde* em 2003. Nessa obra, ela representou o Sol refletido no oceano ao entardecer.

Sol da tarde, óleo sobre tela, de Tilly Willis, 2003.

A artista Tarsila do Amaral pintou a obra *A Lua* em 1928. Ela representou uma paisagem à noite com a Lua no céu e um cacto em um campo.

A Lua, óleo sobre tela, de Tarsila do Amaral, 1928.

135

O mundo que queremos

O olhar do indígena sob o céu brasileiro

[…] As unidades de tempo e espaço indígenas foram estabelecidas de acordo com os ciclos dos corpos celestes. Como assim? Bem há cerca de quatro mil anos, os indígenas já percebiam que os fenômenos naturais se repetiam: o dia é seguido da noite; o mar sobe e desce constantemente; a época do ano em que faz frio […] é seguida daquela em que as flores nascem […], depois vem a quente e úmida […] e o período em que as flores caem […], e depois tudo recomeça! Eles observaram que os ciclos são influenciados pelos movimentos aparentes do Sol e da Lua ou pela posição de certas estrelas no céu. E não pararam por aí!

Notaram ainda que tais ciclos influenciam o comportamento dos seres vivos. Isto é, conforme a época do ano, por exemplo, as árvores florescem, os animais procriam e os frutos germinam. A partir dessas observações, os indígenas procuraram definir o melhor momento para plantar e colher alimentos, caçar, pescar e até comemorar datas especiais. Então, criaram objetos com funções parecidas às dos nossos relógios e calendários para organizar tais atividades ao longo de seu ano!

Pode-se dizer que o Sol foi quem mais despertou a atenção dos [indígenas]. A maioria [dos povos indígenas brasileiros] mede o tempo a partir do movimento aparente desse astro no céu […].

[…] de noite um outro astro entra em cena: a Lua! Ela é o segundo corpo celeste mais importante para os habitantes da floresta. A Lua possibilita não só medir o tempo, como também saber a melhor hora para caçar e pescar. […]

Maria Ganem. *Ciência Hoje das Crianças On-line*. Disponível em: <http://mod.lk/olharind>. Acesso em: 15 jun. 2018.

Compreenda a leitura

1 Como as unidades de tempo e espaço dos povos indígenas foram estabelecidas?

_____
_____

2 De que maneira a repetição dos ciclos dos corpos celestes interfere nas atividades dos povos indígenas?

_____
_____
_____

3 Qual foi o astro que mais despertou o interesse dos indígenas?

_____

Vamos fazer

 Organize os seus pensamentos antes de desenhar. Pense nas atividades que você faz nos diferentes períodos do dia.

No passado, os indígenas marcavam o tempo de acordo com os ciclos dos corpos celestes, como os períodos do dia e da noite.

 4 Faça um desenho que mostre sua rotina de acordo com os ciclos dos corpos celestes e o que pode ser observado no céu.

1. Ligue as colunas com lápis coloridos, relacionando cada astro às informações correspondentes.

Lua

Estrela

Terra

Planeta

Sol

Satélite natural

Aparece no céu durante o dia

Aparece no céu durante a noite

2. Escreva um **L** nos astros luminosos e um **I** nos astros iluminados.

☐ Lua   ☐ Vênus   ☐ Estrelas

☐ Sol   ☐ Terra   ☐ Planetas

138

3 Leia o texto e responda à questão a seguir.

Diego saiu para tomar sorvete em um dia de calor com sua mãe. O céu estava azul e o Sol muito brilhante. De repente, ele percebeu que ao redor do Sol havia um círculo, que parecia um arco-íris, mas não era. Esse círculo contornava o Sol e não tinha o formato de um arco-íris.

O menino perguntou à sua mãe o que era aquilo no céu. Ela explicou que era um **halo solar**, fenômeno que acontece quando há cristais de gelo em nuvens altas. Quando a luz passa por esses cristais, ela se divide nas cores do arco-íris, como se fosse um prisma.

Diego lembrou que já havia estudado como funcionava um prisma e, quando voltou para casa, decidiu pesquisar mais sobre halos solares. Veja ao lado a imagem que Diego encontrou de um fenômeno desses.

Halo solar em Santana do Livramento, Rio Grande do Sul, 2015.

- Ao observar o halo solar, Diego e sua mãe poderiam ter olhado para o Sol sem proteção para os olhos? Por quê?

_____

_____

_____

> Não dê a primeira resposta que vem à sua mente. Você pode considerar muitas variáveis. **Pense bem antes de agir!**

4 Desenhe em que posição o Sol aparece no céu em cada uma dessas situações.

"Nascer do sol"   Meio-dia   "Pôr do sol"

139

O QUE VOCÊ APRENDEU

5 Leia o texto e responda às questões.

> — Acho que deve dar muita solidão ser uma estrela sem ter nenhum planeta para iluminar. Se uma estrela não tem nenhum planeta aonde jogar a sua luz, então não há ninguém para vê-la nascer num novo dia!
> [...] Quanto mais escura a noite — continuou ele —, maior a quantidade de sóis que podemos ver no céu. Durante o dia só conseguimos enxergar o nosso próprio Sol.
>
> Jostein Gaarder. *Ei! Tem alguém aí?* São Paulo: Companhia das Letrinhas, 1999.

a) No céu, à noite, só enxergamos "sóis"? O que mais podemos ver?
_____
_____

b) Por que você acha que durante o dia só conseguimos "enxergar nosso próprio Sol"?
_____
_____
_____

c) Com base no texto e no que você aprendeu, por que vemos mais estrelas quando não é possível ver a Lua?
_____
_____
_____

6 Como podemos notar o fim do dia e o início da noite olhando para a linha do horizonte?
_____
_____

7 Leia o texto e observe a imagem.

Para realizar essa fotografia, a câmera fotográfica capturou a imagem do céu noturno durante 4 horas seguidas.

Cazaquistão, 2016.

- Por que as estrelas aparecem fazendo um círculo nesta foto? Faça um **X** na alternativa correta.

    ☐ Porque a câmera fotográfica girou.

    ☐ Porque o planeta Terra gira em torno de si.

    ☐ Porque as estrelas giram ao redor do planeta Terra.

8 Observe o modelo a seguir e responda às questões.

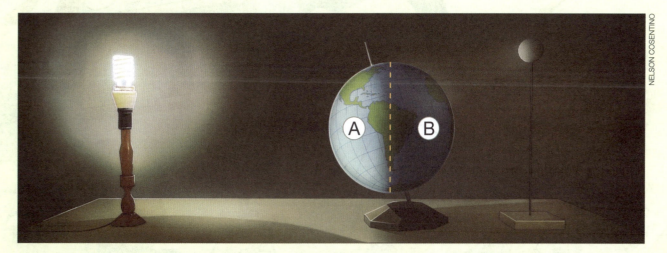

a) Em qual lado da Terra é dia?

_____

b) Podemos dizer que a luz do Sol também está iluminando o lado da Terra onde é noite? Explique.

_____

_____

141

Suplemento de atividades práticas

Sumário

UNIDADE 1

1. A vida do mosquito-da-dengue 144
2. Visita ao zoológico 146
3. O corpo humano por dentro 148

UNIDADE 2

1. Cuidados com os órgãos dos sentidos 150
2. A luz e os materiais 152
3. Confecção de instrumentos musicais 154

UNIDADE 3

1. Montagem de um globo terrestre 156
2. A passagem da água através do solo 158
3. A cobertura do solo 160

UNIDADE 4

1. Vamos fazer um arco-íris? 162
2. O tamanho dos astros 164
3. Como acontece o dia e a noite 166

A vida do mosquito-da-dengue

A dengue é uma doença que pode causar febre, dores de cabeça, dores no corpo, enjoos etc. Em casos mais graves pode até matar.

A doença é causada por um microrganismo que é transmitido pelo mosquito-da-dengue. Conhecer a forma de transmissão da doença nos ajuda a ter atitudes que colaboram com sua prevenção.

O que você vai fazer

Conhecer o ciclo de vida do mosquito-da-dengue para compreender uma forma de prevenção da doença.

Observe o esquema do ciclo de vida do mosquito-da-dengue.

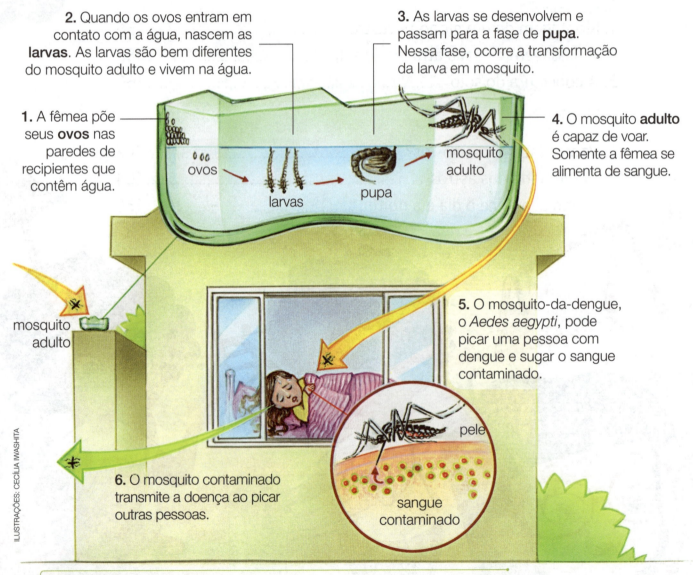

1. A fêmea põe seus **ovos** nas paredes de recipientes que contêm água.

2. Quando os ovos entram em contato com a água, nascem as **larvas**. As larvas são bem diferentes do mosquito adulto e vivem na água.

3. As larvas se desenvolvem e passam para a fase de **pupa**. Nessa fase, ocorre a transformação da larva em mosquito.

4. O mosquito **adulto** é capaz de voar. Somente a fêmea se alimenta de sangue.

5. O mosquito-da-dengue, o *Aedes aegypti*, pode picar uma pessoa com dengue e sugar o sangue contaminado.

6. O mosquito contaminado transmite a doença ao picar outras pessoas.

Os elementos da imagem não estão na mesma proporção. Cores-fantasia.

Para você responder

1. Quais são as quatro fases do ciclo de vida do mosquito-da-dengue mostradas no esquema?

   _____

   _____

2. Quando nascem, os filhotes do mosquito se parecem com os mosquitos adultos? Explique.

   _____

   _____

   _____

3. Você considera o mosquito-da-dengue um exemplo de animal que passa por metamorfose? Justifique sua resposta.

   _____

   _____

   _____

4. Uma forma de prevenir a dengue é não deixar água acumulada em nenhum tipo de recipiente. Por que essa atitude ajuda a combater a doença?

   _____

   _____

   _____

5. Em grupos, façam uma pesquisa sobre outros invertebrados que podem transmitir doenças aos seres humanos.

   - Pesquisem as seguintes informações: nome do animal, qual doença transmite, como se prevenir dessa doença.
   - Cada integrante do grupo deve pesquisar um animal. Depois, juntem as informações e façam um cartaz para expor na escola e divulgar as formas de prevenção das doenças.

2 Pesquisa

Visita ao zoológico

Nos zoológicos, é possível observar diversos animais e obter muitas informações sobre eles.

O que você vai fazer

Visitar um zoológico e conhecer a alimentação dos animais.

Material

- ✔ caderneta ou bloquinho para anotação
- ✔ lápis preto
- ✔ lápis de cor
- ✔ cartolina
- ✔ máquina fotográfica ou celular com câmera

Como você vai fazer

1ª parte: Antes da visita

1. Converse com os colegas e o professor a respeito das regras gerais que devem ser seguidas por todos: manter-se em grupo, não correr, não assustar nem alimentar os animais, não utilizar *flash* para fotografar, entre outras.

2. Pesquise no *site* do zoológico que vocês vão visitar quais são os animais que estão disponíveis para observação, quais são as características deles etc.

3. Em grupo, produzam uma ficha que deve ser respondida durante a visita. Nessa ficha, é importante incluir informações sobre o animal, como sua origem, o tipo de alimentação, cuidados especiais, entre outras informações.

4. Definam quais grupos ficarão responsáveis pela pesquisa de mamíferos, de répteis, de anfíbios, de aves e de invertebrados.

2ª parte: A visita

1. Leia as informações de cada animal nas placas indicativas; se tiver dúvidas, pergunte ao monitor do grupo.

2. Durante a visita, anote as informações referentes aos animais pelos quais o seu grupo ficou responsável. Depois, preencha a ficha elaborada em sala de aula.

3. Se possível, fotografe os animais que você observou e, posteriormente, insira a fotografia na ficha.

3ª parte: Produção de cartazes

 1. Cada grupo deve organizar as informações sobre os mamíferos, os répteis, os anfíbios, as aves e os invertebrados.

2. Confeccionem cartazes para serem expostos na sua escola ou no mural da classe. Coloquem nos cartazes as informações dos animais e o tipo de alimentação de cada um.

3. Utilizem os desenhos que vocês fizeram ou as fotografias tiradas durante a visita.

4. Exponham os cartazes em um local onde as pessoas da escola possam vê-los.

> Todos do grupo devem ser **ouvidos com atenção**. Após todos se manifestarem, escolham as principais ideias para a confecção dos cartazes.

Para você responder

1. Conte aos colegas qual animal mais chamou a sua atenção e por quê.

2. Você aprendeu mais sobre os animais com a visita ao zoológico? Explique.

UNIDADE 1

3 Construção de modelo

O corpo humano por dentro

As radiografias são exames que possibilitam observar partes internas do corpo humano, como os ossos. Elas são usadas para verificar se ocorreu lesão em algum osso.

O que você vai fazer

Construir um modelo de radiografia. Depois, você vai comparar seu modelo com radiografias usadas em exames.

- Como você acha que são os ossos da mão? Descreva a forma e a quantidade.

_____
_____
_____
_____

Material

✔ tinta guache branca
✔ pincel
✔ um pedaço de papel-cartão preto
✔ radiografias das páginas 169 e 171

Como você vai fazer

1ª parte

1. Molhe o pincel na tinta guache e desenhe na palma de sua mão (esquerda ou direita) como você acha que são e onde estão os ossos dela.

2. Depois de desenhar, pressione a mão sobre o pedaço de papel-cartão. Ele ficará carimbado com a forma de seu desenho. Não se esqueça de escrever o seu nome.

MARCIO GUERRA

148

2ª parte

1. Destaque as radiografias das páginas 169 e 171.

2. No quadro abaixo, escreva que parte do corpo é possível observar em cada uma das radiografias.

Radiografia	Parte do corpo
1	
2	
3	
4	

Para você responder

1. Os ossos do modelo de radiografia que você fez ficaram parecidos com os ossos mostrados na ficha da radiografia da mão?

- Compare e descreva as semelhanças e as diferenças.

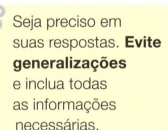

Seja preciso em suas respostas. **Evite generalizações** e inclua todas as informações necessárias.

2. Pesquise na internet ou em livros:

a) A quantidade de ossos do corpo humano.

b) O maior osso do corpo humano.

c) O menor osso do corpo humano.

UNIDADE 2

1 Divulgação

Cuidados com os órgãos dos sentidos

Os órgãos dos sentidos nos ajudam a perceber o ambiente ao nosso redor, portanto, devemos ter certos cuidados com eles. O que você faz para cuidar dos seus órgãos dos sentidos?

O que você vai fazer

Montar cartazes com orientações para cuidar dos órgãos dos sentidos.

Material

- ✔ cartolina
- ✔ lápis de cor
- ✔ canetas hidrográficas

Como você vai fazer

1. O professor irá organizar a turma em cinco grupos.

2. Cada grupo ficará responsável pelo cartaz de um dos cinco sentidos, conforme orientação do professor.

3. Conversem sobre as atitudes que devem ser tomadas para cuidar da saúde do órgão responsável por esse sentido. Façam uma lista dessas atitudes.

4. Conversem sobre as atitudes que podem prejudicar esse órgão dos sentidos. Façam uma lista dessas atitudes.

5. Com a cartolina, façam um cartaz informando como cuidar do órgão dos sentidos que vocês analisaram. Incluam as informações que vocês listaram anteriormente e façam desenhos para deixar o cartaz mais atrativo.

6. Apresentem o cartaz para os colegas da turma.

Para você responder

1. O cartaz que o seu grupo confeccionou foi sobre qual órgão do sentido?

_____

2. Qual foi o cuidado com os órgãos dos sentidos que mais chamou a sua atenção? Por quê?

_____
_____
_____
_____

UNIDADE 2

2 Experimento

A luz e os materiais

Alguns objetos permitem a passagem de luz, outros não. Você sabe quais são as características dos materiais que deixam a luz atravessar? Por que a luz não atravessa alguns materiais?

O que você vai fazer

Observar se diferentes materiais permitem a passagem de luz.

Material

- ✓ lanterna
- ✓ livro
- ✓ garrafa PET
- ✓ blusa de frio
- ✓ filme plástico
- ✓ copo de vidro
- ✓ folha de papel-alumínio
- ✓ prato de cerâmica
- ✓ papel-cartão branco
- ✓ papel-cartão preto
- ✓ espelho
- ✓ tênis

Como você vai fazer

1. Feche as cortinas, apague a luz da sala e acenda a lanterna.

2. Deixe a lanterna sobre uma carteira, virada para cima, de modo que você possa ver a luz que chega ao teto da sala.

3. Coloque um dos objetos entre a lanterna e o teto. Observe se é possível enxergar a luz da mesma forma que antes.

4. Ao posicionar os objetos na frente da luz, observe como está a iluminação no teto e a iluminação sobre a mesa.

5. Escolha novos objetos e repita o procedimento.

152

Para você responder

1. Quais objetos permitiram a passagem de pelo menos parte da luz da lanterna?

2. Quais objetos não permitiram a passagem da luz da lanterna?

3. Foi possível redirecionar a luz da lanterna usando alguns dos objetos? Explique o que aconteceu.

4. Quais objetos que você utiliza no dia a dia permitem a passagem de luz? De que material eles são feitos?

5. No teatro de sombras, o papel utilizado na confecção das personagens permite ou não a passagem da luz através dele? Por que isso é importante no teatro de sombras?

3 Construção de modelo

Confecção de instrumentos musicais

Existem muitos instrumentos musicais que são usados para produzir sons. Que tal construir o seu próprio instrumento e produzir diferentes sons?

O que você vai fazer

Construir diferentes instrumentos musicais e explorar a maneira como produzem sons.

Material

- fita adesiva
- tesoura com pontas arredondadas

Para o violão:
- caixa de papelão
- tubo de papelão
- 6 elásticos
- lápis

Para a flauta:
- 10 canudos
- 2 palitos de sorvete

Para o chocalho:
- latinha de alumínio vazia
- papelão
- grãos de arroz ou feijão

Como você vai fazer

Violão

1. Em grupo, prendam o tubo em uma das faces da caixa com a fita adesiva.
2. Recortem um círculo em outra face da caixa, como na figura 1.
3. Prendam o lápis um pouco abaixo do círculo recortado.
4. Cortem os elásticos e usem a fita adesiva para prendê-los no instrumento.

Violão.

Flauta

1. Coloquem os 10 canudos, lado a lado.

2. Fixem os palitos de sorvete nos canudos com fita adesiva, para dar firmeza.

3. Cortem os canudos para que cada um fique com um comprimento diferente, como na figura 2.

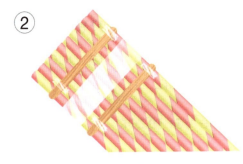

Flauta.

Chocalho

1. Cortem um círculo de papelão do tamanho da parte de cima da latinha.

2. Coloquem um punhado de grãos de arroz ou feijão dentro da latinha, conforme a figura 3.

3. Com a fita adesiva, prendam o disco de papelão para fechar a boca da latinha.

Chocalho.

Para você responder

1. Classifique os instrumentos que você construiu em instrumento de percussão, de cordas ou de sopro.

   a) Violão: _____

   b) Flauta: _____

   c) Chocalho: _____

2. O que deve ser feito para produzir sons com cada um desses instrumentos? Como é possível variar os sons produzidos?

_____
_____
_____
_____

UNIDADE 3

1 Construção de modelo

Montagem de um globo terrestre

Como o nosso planeta, que é esférico, pode ser representado em uma folha de papel plana?

O que você vai fazer

Montar um modelo de globo terrestre e identificar algumas diferenças entre ele e um planisfério.

Material

- ✔ moldes para o globo terrestre, nas páginas 173 e 175
- ✔ cola em bastão
- ✔ tesoura com pontas arredondadas
- ✔ bola de isopor de 10 centímetros
- ✔ palito de churrasco
- ✔ disco de isopor com 5 centímetros de diâmetro e 2 centímetros de altura

Como você vai fazer

1. Destaque os dois moldes que estão no final do livro, nas páginas 173 e 175.

2. Compare os moldes com o planisfério da página 84. Identifique nele a linha do equador e marque essa linha nos moldes.

3. Pegue o molde da página 173 e passe cola na parte de trás do primeiro gomo. Cole primeiro a ponta do gomo, depois vá colando o papel até fixar a outra ponta.

4. Na hora de fixar o segundo gomo, cole apenas a parte do meio. Repita o procedimento com os outros gomos. Deixe para fixar as pontas por último.

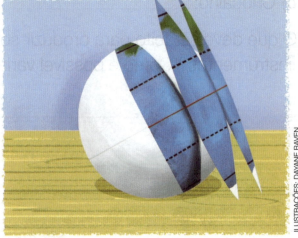

ILUSTRAÇÕES: DAYANE RAVEN

5. Quando terminar de colar o molde da página 173, pegue o molde da página 175 e passe cola na parte de trás do primeiro gomo, apenas no meio.

6. Alinhe bem o primeiro gomo desse molde com o último que você colou.

7. Cole os gomos restantes seguindo as orientações do passo **4**.

8. Passe cola nas pontas dos gomos e fixe-as com cuidado, uma a uma.

9. Peça ao professor que use o palito de churrasco para prender o globo terrestre ao disco de isopor, que servirá de base.

Adaptado de: Marangon, C. Todo mundo com seu globo. *Nova Escola,* jul. 2006. <http://mod.lk/globterr>. Acesso em: 5 jun. 2018.

Para você responder

1. Por que a Antártida tem formato diferente no planisfério e no globo terrestre?

2. Por que o oceano Pacífico aparece duas vezes no planisfério, mas só uma vez no globo terrestre?

UNIDADE 3

2 Experimento

A passagem da água através do solo

Uma característica importante dos solos é a facilidade com que a água passa através deles. Será que a água atravessa diferentes tipos de solo com a mesma facilidade?

Para investigar essa questão, é necessário entender um pouco a composição do solo.

Partículas do solo

Quando se observa o solo bem de perto, é possível perceber que ele apresenta partículas de rochas de diversos tamanhos. De acordo com o tamanho, as partículas são chamadas de:

- **argila:** são partículas tão pequenas que não conseguimos enxergá-las sem a ajuda de um microscópio;
- **areia:** são partículas de tamanho maior, que podem ser vistas a olho nu.

Argila.

Areia.

Representação para fins de comparação.

Microscópio: instrumento que possibilita enxergar corpos extremamente pequenos que não poderiam ser vistos a olho nu.

Quando o solo possui maior quantidade de argila, ele é chamado de **solo argiloso**. Já quando ele possui maior quantidade de areia, é chamado de **solo arenoso**.

O que você vai fazer

Observar e comparar a passagem de água através de uma amostra de solo arenoso e de uma amostra de solo argiloso.

Material

- ✔ 2 amostras de solo preparadas pelo professor: argiloso e arenoso
- ✔ 2 vasos pequenos com prato coletor de água
- ✔ palito de madeira
- ✔ luvas
- ✔ 2 copos plásticos
- ✔ uma jarra com água
- ✔ etiquetas
- ✔ lupa de mão

Como você vai fazer

1. Reúnam-se em grupo.

2. Coloquem cada amostra de solo em um vasinho com prato coletor.

3. Identifiquem cada vaso com uma etiqueta, escrevendo o tipo de solo que ele contém.

4. Com o palito de madeira e usando as luvas, remexam e observem o tamanho das partículas de cada amostra de solo. Utilizem a lupa para ver melhor.

5. Em seguida, despejem em cada vaso a mesma quantidade de água e aguardem alguns minutos.

6. Coloquem a água que ficou no pratinho de cada vaso em um copo de plástico. Comparem a quantidade final de água para cada tipo de solo.

Passo 5.

Passo 6.

Para você responder

1. Por qual tipo de solo a água passou em maior quantidade no mesmo intervalo de tempo? E por qual passou em menor quantidade?

2. O tamanho dos grãos que compõem o solo tem alguma relação com o resultado? Explique.

UNIDADE 3

3 Construção de modelo

A cobertura do solo

O vento e a água podem arrastar consigo parte do solo. Esse processo é chamado **erosão**. Dependendo das condições do solo, a erosão pode ser mais ou menos intensa.

Podemos construir um modelo para descobrir se as plantas interferem na proteção do solo contra a erosão.

Deslizamento de terra em Petrópolis, no município do Rio de Janeiro, em 2016.

O que você vai fazer

Observar, por meio de um modelo, o efeito das plantas na proteção do solo.

Material

- 2 caixas de leite longa vida
- tesoura com pontas arredondadas
- solo para jardim
- sementes de alpiste
- 1 bacia larga
- 1 garrafa de plástico com água

Como você vai fazer

1ª etapa

1. Junte-se a dois ou três colegas.

2. Recortem uma das faces de cada caixa de leite.

3. Coloquem o solo nas duas caixas.

4. Em uma das caixas, semeiem o alpiste em toda a superfície. Esperem até ele crescer cerca de 5 centímetros. Quando o alpiste tiver crescido, deem início à 2ª etapa.

160

2ª etapa

1. Dois colegas devem segurar as caixas sobre a bacia. Cada um deles deve segurar uma caixa. As caixas devem ficar inclinadas como mostra a imagem ao lado.

2. Lentamente, outro integrante do grupo deve derramar um pouco de água em cada caixa. Observem o que acontece.

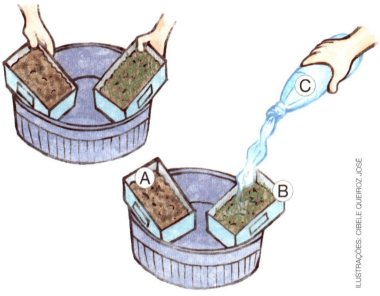

Para você responder

1. Nesta atividade, construímos um modelo para observar um fenômeno que acontece na natureza.

   - Relacione cada parte do modelo acima ao que ela representa. Utilize as letras A, B e C.

     ☐ Solo com cobertura vegetal

     ☐ Chuva

     ☐ Solo sem cobertura vegetal

2. De qual das caixas foi retirada maior quantidade de solo quando um integrante do grupo jogou água?

   _____

   _____

3. De acordo com o que foi observado no modelo, assinale a alternativa que melhor representa a conclusão de seu grupo.

   ☐ A presença de plantas não interfere na erosão do solo.

   ☐ As raízes das plantas ajudam a fixar o solo, protegendo-o da erosão.

   ☐ As plantas favorecem a erosão do solo, pois suas raízes deixam o solo mais fofo.

UNIDADE 4

1 Experimento

Vamos fazer um arco-íris?

Será que a água funciona como o prisma? Será que é possível fazer um arco-íris? Vamos testar.

O que você vai fazer

Verificar o que acontece com a luz ao passar pelo vidro do copo e pela água, ambos transparentes.

Material

- ✔ copo de vidro transparente
- ✔ água
- ✔ folha branca de papel
- ✔ lanterna

Como você vai fazer

1. Em uma mesa, coloque o copo de água sobre a folha branca de papel.

2. Encha o copo com água até quase transbordar.

3. Ligue a lanterna e direcione a luz para o copo de água.

4. Aponte a luz em várias direções (de baixo para cima do copo, de cima para baixo, inclinada, entre outras).

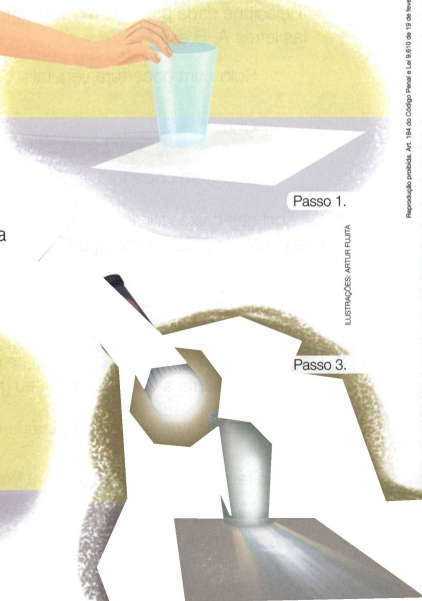

Passo 1.

Passo 3.

Passo 2.

162

Para você responder

1. Você conseguiu obter um arco-íris? Descreva o que aconteceu.

_____
_____
_____
_____

2. Se você repetir esse experimento utilizando a luz do Sol em vez de uma lanterna:

☐ um arco-íris será formado, pois a água funciona como um prisma.

☐ não será formado um arco-íris, pois não é possível mudar a posição da luz do Sol.

☐ um arco-íris será formado com mais cores.

3. Que tal testar a sua hipótese? Repita o experimento, agora deixando o copo em um local ensolarado.

- Verifique se o arco-íris foi formado e onde isso aconteceu.
- Faça um desenho representando o experimento observado.

UNIDADE 4

2 Experimento

O tamanho dos astros

Observando da Terra, pode parecer que a Lua e o Sol têm tamanhos parecidos. A Lua parece ser muito maior que as estrelas. Será que isso é verdade?

O que você vai fazer

Verificar como a distância interfere no tamanho em que enxergamos objetos e astros.

Material

✔ massa de modelar   ✔ régua   ✔ celular com câmera fotográfica

Como você vai fazer

1. Utilizando a massa de modelar, façam uma bolinha com 2 centímetros de diâmetro. Essa será a bolinha A.

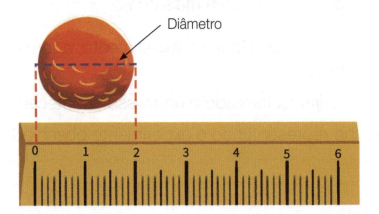

2. Façam a bolinha B com 4 centímetros de diâmetro e a bolinha C com 8 centímetros.

3. Um aluno será o observador. Ele deverá ficar sentado na cadeira fotografando as próximas etapas. Cada colega de grupo segurará uma das bolinhas.

4. Coloque as bolinhas lado a lado na frente do observador. Ele deve tirar uma foto em que as três bolinhas apareçam, para que todos possam comparar o tamanho delas.

5. Depois, os alunos que estão segurando as bolinhas B e C devem dar um passo para trás. O observador deve tirar mais uma foto em que apareçam as três bolinhas.

164

6. O aluno que está segurando a bolinha C deve dar mais três passos para trás. O observador deve fotografar mais uma vez as bolinhas.

Para você responder

1. Nas três imagens que registram o experimento, o tamanho das bolinhas parece mudar? Explique.

_____

_____

2. Com base nas imagens, complete o quadro abaixo informando qual bolinha parece menor e qual parece maior em cada situação.

Situação	Bolinha que parece menor	Bolinha que parece maior
Bolinhas lado a lado		
Bolinhas B e C um passo para trás		
Bolinha C quatro passos para atrás		

3. Complete a frase utilizando a palavra "menor" ou a palavra "maior".

Quanto mais longe está um objeto, _____ ele parece ser.

UNIDADE 4

3 Experimento

Como acontece o dia e a noite

Que tal conhecer o movimento aparente do Sol e entender como ocorrem os dias e as noites?

O que você vai fazer

Verificar como ocorrem os dias e as noites e o que é o movimento aparente do Sol.

Material

- abajur
- globo terrestre
- papel
- tesoura com pontas arredondadas
- lápis de cor
- fita adesiva

Como você vai fazer

1. Recorte uma tirinha de papel de aproximadamente 3 centímetros × 1 centímetro.

2. Dobre a ponta de baixo da tirinha, como na figura 2.

3. Desenhe uma pessoa na parte de cima da tirinha. Esse bonequinho representará uma pessoa.

4. Escolha um ponto no globo terrestre e fixe o bonequinho usando fita adesiva.

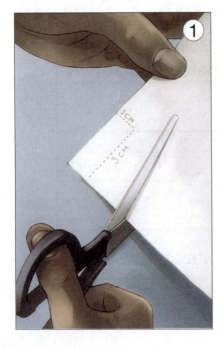

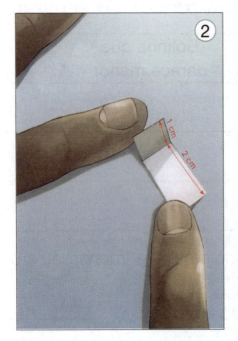

166

5. Em uma mesa, posicione o abajur e o globo terrestre como na figura abaixo.

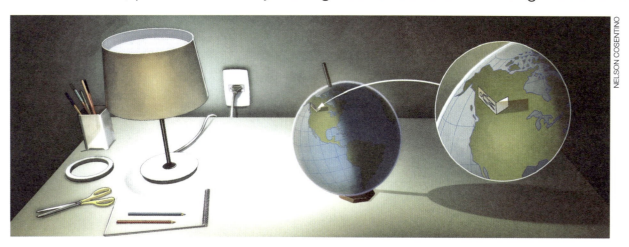

6. Apague as luzes da sala e acenda o abajur, que representa o Sol. Observe como o globo fica iluminado.

7. Lentamente, vá girando o globo em uma direção e observe o que acontece com a região iluminada e com a tirinha de papel.

8. Usando o bonequinho de papel como referência, gire o globo para representar:

   a) a noite.   c) o meio-dia.

   b) o "nascer do sol".   d) o "pôr do sol".

   Atenção: você deve girar o globo sempre na mesma direção.

Para você responder

1. Quando o abajur está aceso, o globo todo fica iluminado? Explique.

2. Para representar os fenômenos solicitados no item 8, você precisou mexer o abajur?

3. Por que dizemos que o movimento do Sol no céu é aparente?

167

Cartas para a atividade das páginas 148 e 149.

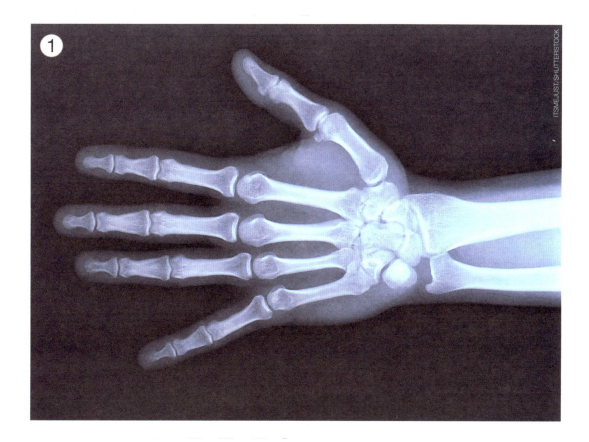

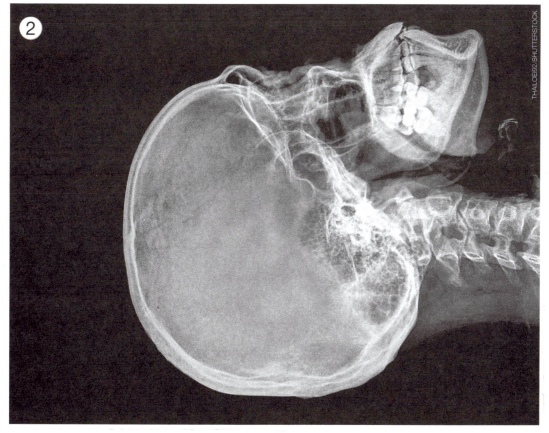

Cartas para a atividade das páginas 148 e 149.

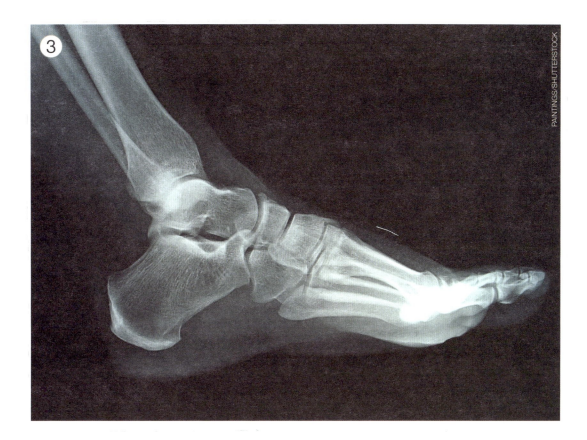

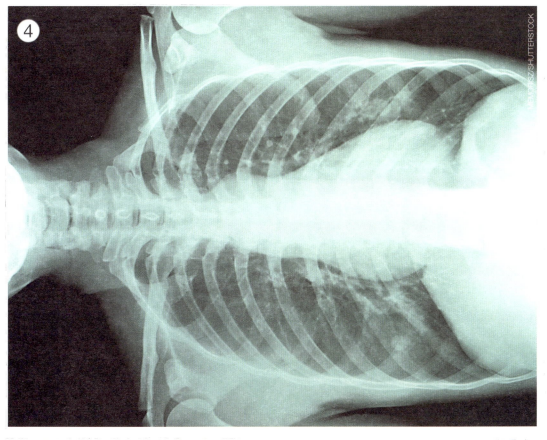

Destaque a imagem para a construção do globo terrestre das páginas 156 e 157.

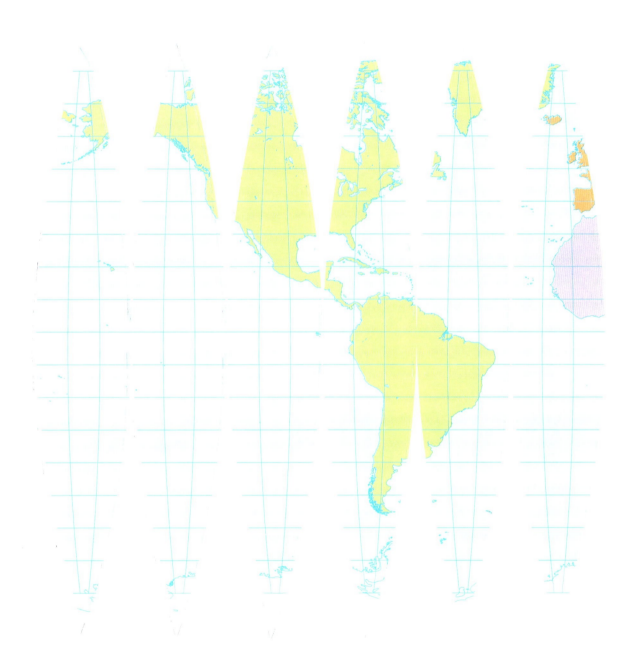

173

Destaque a imagem para a construção do globo terrestre das páginas 156 e 157.

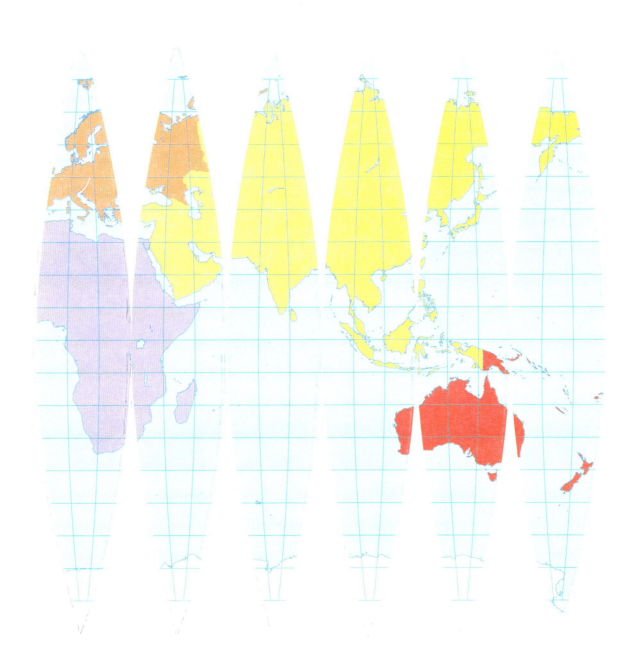

Adesivos para a atividade 3, da página 16.

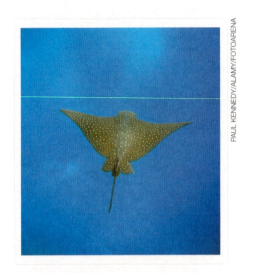

Adesivos para a atividade 8, da página 88.